READINESS
ANALYSIS FOR
ENTERPRISE
INFORMATION SYSTEMS
IMPLEMENTATION

企业信息系统实施的就绪性研究

崔国玺 著

北京理工大学出版社
BEIJING INSTITUTE OF TECHNOLOGY PRESS

版权专有 侵权必究

图书在版编目（CIP）数据

企业信息系统实施的就绪性研究 / 崔国玺著. —北京：北京理工大学出版社，2019.8
ISBN 978-7-5682-7452-4

Ⅰ．①企⋯　Ⅱ．①崔⋯　Ⅲ．①企业管理–管理信息系统–研究　Ⅳ．①F272.7

中国版本图书馆 CIP 数据核字（2019）第 185407 号

出版发行 / 北京理工大学出版社有限责任公司
社　　址 / 北京市海淀区中关村南大街 5 号
邮　　编 / 100081
电　　话 / （010）68914775（总编室）
　　　　　 （010）82562903（教材售后服务热线）
　　　　　 （010）68948351（其他图书服务热线）
网　　址 / http://www.bitpress.com.cn
经　　销 / 全国各地新华书店
印　　刷 / 保定市中画美凯印刷有限公司
开　　本 / 710 毫米×1000 毫米　1/16
印　　张 / 12.75　　　　　　　　　　　　　　　　责任编辑 / 李慧智
字　　数 / 189 千字　　　　　　　　　　　　　　　文案编辑 / 李慧智
版　　次 / 2019 年 8 月第 1 版　2019 年 8 月第 1 次印刷　责任校对 / 周瑞红
定　　价 / 49.00 元　　　　　　　　　　　　　　　责任印制 / 李志强

图书出现印装质量问题，请拨打售后服务热线，本社负责调换

目　　录

第一章　绪论 …………………………………………………………………… 1
　第一节　研究背景 …………………………………………………………… 1
　　一、信息系统的发展趋势 ………………………………………………… 1
　　二、信息系统目前存在的问题 …………………………………………… 4
　第二节　研究的目的和意义 ………………………………………………… 7
　　一、研究目的 ……………………………………………………………… 7
　　二、研究意义 ……………………………………………………………… 7
　第三节　研究的主要内容 …………………………………………………… 9

第二章　企业信息系统实施就绪性研究概况 ……………………………… 11
　第一节　企业信息系统实施概况 …………………………………………… 13
　第二节　软系统方法论 ……………………………………………………… 16
　　一、软系统方法论概述 …………………………………………………… 16
　　二、软系统方法论的分析过程 …………………………………………… 17
　　三、软系统方法论的优缺点 ……………………………………………… 20
　第三节　问题明晰方法 ……………………………………………………… 20
　　一、问题明晰方法概述 …………………………………………………… 21
　　二、问题明晰方法的主要技术 …………………………………………… 21
　　三、问题明晰方法的优缺点 ……………………………………………… 23

第四节 企业信息系统实施就绪性研究中的其他主要方法 …………… 24
　一、Davenport 的研究 ………………………………………………… 24
　二、Abdinnour–Helm 的研究 ………………………………………… 25
　三、Raymond 的方法 ………………………………………………… 26
　四、Stewart 的研究 …………………………………………………… 28
　五、Hong 的研究 ……………………………………………………… 29
　六、陈宏等人的就绪度模型 …………………………………………… 31
第五节 企业信息系统实施就绪性研究方法评述 ………………………… 31
　一、企业信息系统实施就绪性研究方法综述 ………………………… 31
　二、企业信息系统实施就绪性研究的发展趋势 ……………………… 32

第三章 企业信息系统实施就绪性分析的基础理论探讨 …………… 35
第一节 实用主义 …………………………………………………………… 36
　一、范畴理论 …………………………………………………………… 37
　二、符号解析过程 ……………………………………………………… 39
　三、溯因推理 …………………………………………………………… 40
第二节 组织符号学理论 …………………………………………………… 41
　一、组织符号学的本体论 ……………………………………………… 41
　二、组织符号学观点下的信息系统 …………………………………… 44
　三、组织符号学对于信息系统的影响 ………………………………… 48
第三节 结构化理论 ………………………………………………………… 50
　一、社会系统的二重性 ………………………………………………… 50
　二、结构化理论观点下的社会系统 …………………………………… 54
　三、结构化理论对于信息系统的理论贡献 …………………………… 57
第四节 组织符号学理论的结构化扩展与探讨 …………………………… 58
　一、社会系统的总体观 ………………………………………………… 59
　二、主体与行为作为元素 ……………………………………………… 60
　三、资源与规范作为结构 ……………………………………………… 61

四、社会系统的生产与再生产作为运行机制……………………………62
　第五节　小结…………………………………………………………………63

第四章　企业信息系统实施就绪性分析……………………………………65
　第一节　问题明晰方法概述…………………………………………………66
　　一、问题明晰方法总览………………………………………………………66
　　二、问题明晰方法的局限性…………………………………………………67
　　三、改进的必要性……………………………………………………………69
　第二节　企业信息系统实施就绪性分析方法………………………………70
　　一、问题明晰方法的总体架构………………………………………………70
　　二、单元系统分析……………………………………………………………71
　　三、支撑系统分析……………………………………………………………74
　　四、利益相关者识别…………………………………………………………81
　　五、系统构成与规范分析……………………………………………………88
　　六、价值评估…………………………………………………………………99
　第三节　企业信息系统实施就绪性模型……………………………………106
　第四节　问题明晰方法的应用模式与讨论…………………………………107
　　一、问题明晰方法应用模式…………………………………………………107
　　二、问题明晰方法改进反思…………………………………………………109
　第五节　小结…………………………………………………………………110

第五章　问题明晰方法的 CASE 工具设计与开发………………………113
　第一节　需求分析……………………………………………………………114
　　一、方法理念…………………………………………………………………114
　　二、问题明晰方法实施过程中的主要活动回顾……………………………115
　　三、CASE 工具支持的活动…………………………………………………115
　　四、设计原则…………………………………………………………………116
　第二节　系统分析与设计……………………………………………………117

一、数据流图 …………………………………………………………… 117
　　二、系统架构 …………………………………………………………… 121
　　三、数据模型 …………………………………………………………… 121
　第三节　系统开发 ………………………………………………………… 122
　　一、页面与操作 ………………………………………………………… 122
　　二、输出结果 …………………………………………………………… 126
　第四节　小结 ……………………………………………………………… 126

第六章　Rushey Green 社区医院信息系统实施的就绪性研究 ……………… 127
　第一节　Rushey Green 社区医院的背景 ………………………………… 129
　第二节　EMIS 系统的实施过程与现状 …………………………………… 129
　第三节　EMIS 系统实施的就绪状态分析 ………………………………… 131
　　一、企业级的就绪状态分析 …………………………………………… 131
　　二、业务领域级的就绪状态分析 ……………………………………… 137
　　三、业务流程级的就绪状态分析 ……………………………………… 141
　　四、功能级的就绪状态分析 …………………………………………… 145
　第四节　结果讨论 ………………………………………………………… 148
　　一、对比与分析 ………………………………………………………… 148
　　二、意见反馈 …………………………………………………………… 150

第七章　国内某医院信息系统实施的就绪性研究 …………………………… 153
　第一节　某医院的背景 …………………………………………………… 154
　第二节　医院信息系统集成平台的就绪性分析 ………………………… 155
　　一、集成平台就绪性分析 ……………………………………………… 156
　　二、问题诊断 …………………………………………………………… 167
　　三、改进建议 …………………………………………………………… 168
　第三节　问题明晰方法在医院中的应用指南 …………………………… 170
　第四节　结果讨论 ………………………………………………………… 172

第八章　结论与展望 ··· 175
　　第一节　回溯研究目的 ··· 175
　　第二节　主要结论与创新点 ··· 176
　　第三节　研究的局限性 ··· 178
　　第四节　研究的扩展 ··· 178
　　第五节　未来展望 ··· 179

附录 ·· 181

参考文献 ·· 183

第一章 绪 论

■ 第一节 研究背景

21世纪以来,随着经济的全球化发展,人类正经历着巨大的社会经济变革。科学技术从来没有像现在这样直接地推动着经济的发展,特别是现代信息技术的迅速发展和日益广泛的应用正在不断地改变各个领域的面貌[1]。如同第一次工业革命中的蒸汽动力和第二次工业革命时期的电力一般,信息正以一种划时代性的生产力的崭新姿态出现在信息革命的大潮中。无可否认,一个信息的时代已经悄然降临。

信息社会的推进离不开信息技术和信息服务的发展。信息系统是信息时代的生产工具,正如工业社会的蒸汽机和发电机一样,将为人类社会带来飞跃式的发展。以管理信息系统、搜索引擎、Web 2.0等工具为代表,人们已经初步感受到了信息服务带来的种种便利,正期待着信息服务能像水电一样流入"寻常百姓家",成为取之即用的基本生活设施,为人们的生活带来更多更好的变化。

一、信息系统的发展趋势

信息系统发展的历史并不长,仔细观察其发展变化,不难发现它遵循着一定的产业发展规律。信息系统经历了"手工作坊"和大规模工业化阶段,正朝着个性化的方向发展。

在早期,信息系统完全依靠客户定制,根据客户的需求进行项目式开发。由于信息系统的主要用户是一些富有远见的大客户，客户数量相对较低，生产效率低下。这一时期信息系统产业处于它的婴儿期，也是它的"手工作坊"阶段。

经历近三十年的发展，信息系统行业逐渐向规模化和集成化转变。信息系统开始在企业中普及，客户数量增多；在整合用户的需求和集成优秀的管理思想的基础上，一些大的系统提供商开始出现，并提供行业标准套装软件，大大提升了应用行业的整体水平。这一阶段，信息系统的技术水平和生产效率提高，产量增加，价格降低。信息系统产业本身也进入了高速发展的"工业化生产"阶段。

如果说当前的信息系统正处于规模化生产阶段的话，那么今后信息系统将朝着个性化的方向发展，信息系统将进入它的成熟期。在这一阶段，信息系统技术水平趋于成熟，产品差异缩小，各供应商开始转向提供服务和个性化信息系统。对于信息系统行业来说，个性化意味着信息系统将达到真正地随需而变，逐步发展为需求驱动的信息系统。

从开始的手工作坊式一对一生产，到大规模地批量生产，再到后来的一对一的个性化服务，信息系统产业将完成它的螺旋式上升过程。这是事物发展的规律。纵观历史上各个成熟的行业，无论是传统产业如服装业，还是国民经济的支柱产业如汽车业，乃至新兴产业如计算机领域的搜索等，其发展过程及最终的个性化方向，皆无一例外。

纵观信息系统发展的三个阶段，结合当前信息系统的研究热点，可以总结出信息系统今后发展的三个趋势：

（一）信息系统集成粒度逐渐增长

随着信息系统规模和范围的迅速扩大，应用深度逐渐增加，其集成粒度也将越来越大，这一点可以从软件工程得到旁证。软件工程从起步时的单兵作战，到今天已成为标准化工厂式生产作业，它的发展脉络可以折射出信息系统在发展的不同阶段所提供的不同粒度的服务。早期的信息系统主要是面向数据的系统，到后来发展成为面向功能的系统，到再后来的面向流程的系统，以及当前的面向服务的系统。按照这一发展脉络，企业级服务是信息系统发展的大势所趋，将是信息系统发展的必经之路。

(二)企业信息系统蓬勃发展

在信息时代下,信息系统可能是组织有史以来最为昂贵和高效的生产工具。在激烈的变革当中,信息系统是促进组织变革、进行制度创新与知识创新的战略举措[1]。充分利用信息系统工具,可以大幅提高企业的管理和绩效水平。根据前文信息系统的发展阶段的论断,信息系统从"作坊时代"走出,走进工业时代。埃森哲咨询的一项调查显示,套装软件开始取代定制软件,成为企业的新宠。这就显示企业信息系统开始登上信息系统大舞台,并成为其中的主角[2]。

事实上,企业应用信息系统的趋势从20世纪90年代以后已经悄然开始。一些先行的大中型企业的信息系统的第一批次实施已经基本告一段落,完成了首次亲密接触与体验。随着企业信息系统成本的下降,中小企业逐渐成长为下一波企业信息系统浪潮的弄潮儿,企业信息系统产业正迎来一个新的高速发展期。

(三)基于网络的发展和应用前景看好

基于网络的信息服务成为信息系统发展的趋势,这是由互联网技术的发展所致。随着互联网技术的迅速发展和基础设施的不断完善,网络服务几近可以随时随地地取用。互联网络为信息服务成为像水电一样的生活基本设施提供了技术上的可能性。

近十年来,首先是网格计算发出网络应用的先声。它从利用互联网闲置的计算能力的初衷,发展为跨组织的服务共享[3-4]。近五年来,语义网和语用网的兴起为人们描述了一幅"网络改变生活"的生动画面,激起了人们对于未来技术的可能应用的无限憧憬[5-6]。近两年来,以 Web 2.0 等为代表的新一代网络应用,吸引了人们大量的目光,相信在未来的一段时间,这一技术会有突破式的发展,并制造新的经济增长点[7]。

针对企业信息系统,云计算有可能代表未来的一种趋势[8-9]。目前,已经有 Amazon、Google 等互联网服务提供商提出针对企业的网络应用服务将席卷全球。它虽然从中小行业开始起步,但已经有迹象表明,一些公共性行业,如政府把控的医疗卫生等行业愿意将核心数据交与第三方,朝着互联网服务的方向发展[10]。

二、信息系统目前存在的问题

当前,组织正处于激烈快速的变化当中。为适应组织的要求,信息系统也在面临着一系列的问题。以往信息系统行业发展不成熟,加之人们将其当作一件"稀罕物"格外小心地对待,因而问题并不明显。随着信息系统在组织中应用的深度不断增加,信息系统越来越深入地融入组织内部,问题也开始出现。

整个信息系统领域博大而宽广,涉及信息系统的行为、功能和结构,系统建设以及信息资源开发、利用与管理,乃至整个信息系统产业的发展规律、政策以及未来的发展趋势等,并且随着社会、经济和技术环境的变化而变化,是一个正在发展中的领域[2]。它的每一个方面都存在着有待深入研究和解决的问题,为信息系统的研究提供了广阔的天地。

本书将目光聚焦在企业信息系统之上。从企业的视角看信息,信息如同空气一样无处不在,缺之不可。信息系统的成功实施与恰当使用考验着企业的信息配置能力。一个出色的信息系统需要将正确的信息在正确的时间和正确的地点送抵正确的人,这就为企业提出了严峻的挑战。

(一)企业信息系统中的相关问题

单在企业信息系统领域,就存在着一连串有待解决的突出问题。由于试图给出完整列表的努力最终很可能会挂一漏万,这里仅举两例以说明问题。其中,一个典型的问题如企业中的 IT 治理,研究企业如何采用有效的机制才能使信息技术完成组织赋予它的使命,同时平衡信息系统实施过程的风险,确保实现组织的战略目标[11]。

另外一个典型的例子是"信息系统体系结构"或者称为"企业架构"设计,主要研究组织内信息资源的组织与管理方式,使得业务逻辑和信息资源能够有效整合,以完成企业的战略目标[12-13]。目前,对于面向服务的架构(service-oriented architecture,SOA)的热切关注与众多研究正是在努力解决这一问题[14]。

此外,企业信息系统实施向来是企业实践中所面临的一个巨大的挑战。有关的研究也一直是企业信息系统研究的重头戏。这里的"实施"是指广义上的实施,包括系统选型、引入、实施、使用和评估等。其中,仅是企业信息系统实施的内容之丰富便足以令人咋舌。因此，本书进一步将研究范围缩小至企业信息系统实施上。

（二）企业信息系统实施的相关问题

前文提到，自20世纪90年代以来，世界各地的大公司开始转变IT战略，从信息系统的自主开发转向套装软件的购买与实施。尽管负责此项工作的CIO们将系统实施视为组织有史以来最大的一次战略性IT平台建设，为此付诸了相当的努力和尽可能的谨慎，但是系统实施的失败率却仍然出奇的高[15]。

什么因素导致企业信息系统的成功实施如此困难呢？Swan等人指出，其根源在于企业信息系统的客户与开发商的兴趣点和目标的不同上[16]。客户想要的是一个独特的解决方案，以解决自己的业务问题；而开发商想开发的却是一套通用的解决方案，以适应更广阔的市场。这种矛盾致使组织与企业信息系统之间出现不匹配和不适应等问题，从而引发了实施的失败。然而，更为深刻的原因是，企业信息系统所体现的是一套管理哲学，其内嵌的可能是一套完全不同的管理思想。这就意味着，一项成功的系统实施不仅应是软件系统的安装和实施，还应该包含更大范围的、甚至是突破性的组织变革。

企业信息系统实施需要组织进行技术、人员、业务和文化等全方位的社会-技术系统变革。首先，企业信息系统实施的挑战来源于技术的复杂性、兼容性和标准化等问题。它需要专业的知识、技能、实施团队以及软硬件资源和平台等。从项目管理的角度来看，它是一个复杂的系统工程，任何一处小的故障可能导致整个系统的失灵。此外，技术系统对于组织和社会的需求不甚明确，快速变化和出现矛盾的现象时有发生，这些又为技术系统的成功实施带来一种不确定性。

其次，在人员方面，企业信息系统实施可能会影响到组织的正式结构，涉及相关人员的岗位安排、年资序列等，有时需要重新分配工作的角色和责任等。在组织内外，系统实施包括大量的社会系统参与者。不同的参与者有着不同的经历、角色、兴趣和价值取向，这导致了他们观点的多样性，也可能引发潜在的矛盾和冲突。

再次，从业务的角度看，实施企业信息系统本身实际上就是一个做业务的过程，同时是一个修复不兼容的业务流程和重组业务流程的过程。如果说之前的定制系统开发根据组织的业务逻辑需求来设计信息系统，那么，在安装了通用的企业信息系统的情况下，则需要分析企业信息系统的要求，按照它的要求来重塑组织，使组织符合企业信息系统的需求。在极端情况下，企业信息系统的实施甚至是一个"削足适履"的过程。这一点并不难理解，企业信息系统作为一款成熟的生产工具，需要组织具备相应的条件和成熟程度之后方能使用。

最后，在组织文化方面，企业信息系统实施最大的问题之一在于组织文化和人的问题，如员工的抵抗、文化上的冲突等。组织和环境的变化导致更为复杂的文化的甚至政治的问题，使得信息系统与组织的集成成为一个具有严峻挑战的课题。

从以上的简要讨论不难看出，企业信息系统实施已经涉及组织学与管理学的领域，具有十分宽阔的研究范围。本书再一次缩小研究范围，主要关注企业信息系统实施中的一个环节，即实施的就绪性分析。

（三）企业信息系统实施的就绪性分析

对于现代企业来说，信息系统不再是一个选项，而是企业在发展过程中的一段必不可少的经历和手段。但即使如此，在真正实施一项信息系统之前，人们还是不禁会问："企业准备好了吗？""企业的资质现状和运作能力足以胜任信息系统、发挥其最大功效吗？"或者换言之，"企业的业务、资源和人员水平与信息系统的要求相匹配吗？"

前面已经提到，信息系统是信息时代的先进生产工具。在使用这样一套工具之前，组织需要事先反省自身的业务水平，审视自身是否已经准备就绪。回到之前的比方，犹如在第二次工业革命初期，组织内有了电，但组织真的能够有效地利用电能吗？或者好比打羽毛球，当将一副顶级的专业球拍交给一个初级球员时，他真的能够有效地发挥出这个球拍的性能吗？人们需要做的正是去准备这个组织和球员，提高其业务水平，使其具备相应的技能和实力，达到准备就绪状态。同样道理，这也正是即将实施一套企业信息系统的组织需要做的事情。

调整组织到迎接企业信息系统实施的最适姿态，涉及信息系统和组织中的诸多环节。为检测一个组织的当前准备状态，需要衡量相关的知识、技能、实施团队、资源等的准备情况；检查组织内各部门是否共享相同的目标，能否集成分散于多个系统之中的信息，以及是否具有全公司视角的员工；评估相关业务流程和组织结构与企业信息系统的契合程度；检查系统假设和组织文化的吻合程度；等等[17]。至此，本书将研究问题锁定在企业信息系统实施的就绪性分析上。

第二节 研究的目的和意义

一、研究目的

本研究的目的之一是分析企业信息系统实施的就绪性。企业信息系统实施就是将信息系统引入组织中。它是指从制定组织战略规划开始，到系统付诸实施，并将其融入现有的组织中的全过程。在决定实施一个企业信息系统之前，首先需要考虑组织是否为系统实施准备就绪的问题。为回答这个问题，组织需要一个方法来辅助其分析与决策。因此，本书研究了以下问题：什么构成了企业信息系统实施准备就绪条件？从衡量组织就绪性的角度，如何将一个组织特征化？从这个角度说，本书从事的是一项分析企业信息系统实施就绪性的方法研究，旨在提供一个描述性的组织就绪度模型，并提出一套应用性的组织就绪性分析方法。

为验证提出的模型和方法，本书将其应用于医疗卫生领域。这就引出了本书的另一个研究目的，即提出一个具体的、针对医疗组织的信息系统实施就绪性分析的指导框架，旨在对于医疗卫生领域有所帮助。

二、研究意义

近年来，"信息化带动工业化，工业化促进信息化"的国家战略已经日益深入人心，信息化建设取得了世人瞩目的成就。目前国内的企业信息系统建设正如火如荼，系统实施一浪未过一浪又起。然而，十余年的信息化发展尚未弥补工业的空缺，大大小小的企业仍然在做着信息系统实施的各种努力与尝试。分析与衡量企业在实施信息系统之前的准备情况，对于提高企业及整个社会的信息化水平具有显著的意义。

1. 识别企业信息系统实施的条件，诊断组织潜在的问题，提高企业信息系统实施成功率

目前，各类企业正积极寻求实施或者升级企业信息系统，以期从中获得更大的好处。这就需要更进一步的系统实施。然而，在实施成功后的巨大回报让企业趋之唯恐不及的同时，较高的失败率又让企业不得不心生畏惧。未经对企业的业务能力深思熟虑而贸然实施企业信息系统将引发灾难性的后果——或者实施失败，浪费大量的金钱和精力；或者系统会削弱企业的业务竞争优势，影响企业的正常运行[18]。

在系统实施之前，如果能够有一套测试企业信息系统实施就绪度的方法，不啻给企业带来一颗定心丸。与其闭着眼睛上马，不如让企业清楚地知道差距。因此，一个系统实施前的全面检测与综合评估对于加强对企业信息系统实施的管理十分必要。它将有助于识别企业信息系统实施的必要条件，诊断组织中可能存在的问题，进而有针对性地、合理有效地指导系统实施，降低实施风险，提高系统实施成功率，具有显著的应用意义。

2. 摸底企业的信息化水平及现状，帮助制定企业的IT战略规划，明确企业的改革方向

企业信息系统实施的意义在于促进组织的信息化，提高组织的竞争力；而信息化需要适应组织的情况，并且最终的落脚点在于促进组织的发展。因此，企业信息系统的实施倡导组织应事先对自身的业务能力进行一个全面的摸底，理解信息系统与企业自身的逻辑，确认它们之间没有冲突，而不是急于将全部精力投入信息系统实施之中。这将有助于组织定位并认清自身所处的信息化发展阶段，分析组织在人力、物力与制度等方面的改革需要，帮助组织制定有效的IT战略规划，明确组织的发展方向。

在当前全社会信息化建设迅速推进的时代背景下，本书选择企业信息系统实施作为研究的出发点和切入点，以企业作为研究对象，为企业信息系统实施出谋划策，进而推进整个行业及社会的信息化建设，具有显著的现实意义。

第三节 研究的主要内容

尽管企业信息系统实施对于组织来说是一个不小的挑战,并且相关研究很多,但是关于组织的系统实施就绪性研究并不多。在企业信息系统实施中,组织经常被想当然地认为已经准备就绪,可直接上马[19]。其实不然。组织对于企业信息系统的就绪程度对于系统的成功实施来说是一个重要的影响因素。缘于此,本书的主要研究内容如下:

(一)企业信息系统实施就绪性研究

虽然学术界与工业界目前存在着不少主流系统的实施方案,但是企业信息系统在组织中的成功实施仍然不是一件容易的事情。在企业信息系统实施中,如何识别企业信息系统的需求和组织现状之间的差距成了一个严峻的挑战。针对这个挑战,本书将提出一个企业信息系统实施就绪性分析模型,以描述企业的当前就绪状态,帮助组织识别有待提高的领域和方面,并给出相关的改进建议。

企业信息系统实施就绪性是指组织为信息系统的实施在各个方面所做出的准备和努力的程度,如计算机软硬件、网络设施等"硬件方面"的准备程度,以及如员工教育与培训、业务流程的契合度、组织员工的授权乃至管理层的支持等"软件方面"的准备程度[20-21]。为实施这样一项"组织就绪性检查",本书提出的解决方案是为企业做一个全面的"基础结构"分析。本书认为:企业信息系统实施所要求的组织基础结构是指在一个组织中信息系统顺利运行所需要的物理和组织方面的基本结构特征,包括技术平台、人员、业务和文化等结构方面。

这样,对于组织就绪性的衡量将转化成对于组织基础结构的分析问题。本书将从技术平台、人员配置、业务流程和组织文化等方面具体分析组织的基础结构状况,并据此建立起组织就绪度模型。结合上述就绪度模型,本书还将提出一套企业信息系统实施就绪性分析方法,以指导如何逐步分析一个组织对于信息系统实施的准备就绪情况。

(二)问题明晰方法的改进与扩展

经过调研、比较和分析,本书选择问题明晰方法作为研究基础和出发点,对其在理论和方法上同时进行改进和扩展,以解决企业信息系统实施的就绪性分析问题。

问题明晰方法最早提出于 20 世纪 90 年代中期,针对当时大型信息系统开发中的高层需求分析而设计。这一方法在当时解决对应问题时取得了较好的效果。然而,随着时代的发展,这一方法虽然保持了原有的优点与风貌,但在技术上却未能保持与时俱进,不再适应于当前的信息系统发展趋势。因此,本书将对问题明晰方法完善、改进和扩展,重新发扬其中精华的部分,并引入新思想和新观点,添加新技术,使其与时俱进,重新激活其分析复杂组织问题的能力,并实现问题明晰方法的"旧瓶装新酒"的目的。

(三)医院信息系统的就绪性分析研究

系统集成是当前医院信息系统领域一个迫在眉睫的问题。医院是典型的信息密集型组织,每天需要处理大量的信息,这些信息需要在不同的部门和人员间共享、传递与交换。医院信息系统本身业务复杂,集成实施难度大。本书将研究医院的基础结构特征,分析医院对于系统集成的就绪性,以提高系统集成的成功率。

第二章
企业信息系统实施就绪性研究概况

广义地说，企业信息系统是由供应商提供给企业客户的一个通用解决方案，旨在提高信息传达效率和提升企业运作水平[22-23]。狭义地说，企业信息系统是一个套装软件，用于协调企业内的信息、流程和资源，提供企业级的自动化、管理和决策支持[24]。企业信息系统最为引人注目的特征是它集成和整合全企业信息的能力。理想情况下，它能够有效地连接起企业内部不同的应用，为不同业务单元和部门、其他组织乃至遍布全球各地的服务对象提供企业的即时信息，反映业务活动运行现状，辅助管理层决策。

企业信息系统的出现源于组织中的"信息孤岛"现象[18]。在早期的大型企业中，由于部门条块分割现象严重，信息往往得不到及时共享而造成企业运行效率低下。针对这一问题，业界提出了企业信息系统的解决方案。追根溯源，企业信息系统可上溯至MRP，经由MRPⅡ和ERP一路发展至今。了解企业信息系统的演化历史有助于理解它对企业日常运作的重要性。

最早的企业级信息系统是物料需求计划（MRP），作为制造类企业中的一种库存管理技术出现。后来，MRP逐步发展变为从销售订单决定生产过程中的原材料需求量，成为一种企业生产经营管理和计划系统，也就是MRPⅡ。到了20世纪90年代，企业认识到仅靠自己的资源不可能有效地参与市场竞争，必须把经营过程中各有关方如供应商、销售网络、客户、市场等纳入系统，因此在MRPⅡ的基础上扩展了管理范围，出现了企业资源计划（ERP）。ERP可以看成是MRPⅡ的下一代系统，代表了一个更为高级的业务和逻辑复杂性[25]。

2000年前后，Gartner公司又提出所谓ERPⅡ的概念[26]，提出企业信息系统不仅局限于制造类企业，同样适用于任何其他类型对于信息集成有迫切需求的企业，以支持其财务、人力资源以及电子商务等。但是，由于系统本身没有实质性的飞跃，这一说法并未得到业界的广泛接受，目前仍然普遍使用ERP的提法。

在一般类型的企业中，企业信息系统最早出现于后台办公系统，如财务管理和人力资源管理系统等。紧接着，企业信息系统扩展至其他一系列业务领域，如供应链管理、客户关系管理、绩效管理等。随着应用范围的不断扩大，企业信息系统开始向知识工作流程延伸，如战略规划、产品研发、市场营销等。信息逐渐在整个组织范围内无障碍流通[23]，企业开始收获更大的好处。

当前，企业正面临着市场竞争加剧和客户需求多变等巨大的挑战。为应对这种挑战，企业信息系统实施正当其时。这是因为，一款优秀的企业信息系统软件，如果脱去其技术外壳，其本质是一系列先进管理思想和技术的集合，是行业内众多企业的成功管理实践的结晶。它基于一系列企业运作假设而设计，通过信息系统反映行业内最佳实践，因此本身就是一个巨大的知识库和方法库。一个企业的高级经理曾经说过："SAP根本就不是一个企业软件包，而是一套做业务的方法。"[18]企业可以通过信息系统的实施来提高组织的运作水平和提升企业的竞争能力。

然而，事情并不总是让人如此兴奋。对于企业信息系统来说，问题在于是供应商而不是企业本身定义着所谓的"最佳管理实践"。在很多情况下，这些管理实践——以企业信息系统的形式整体出现——的确能够大大促进企业高效运行，为企业带来丰厚的回报。同时，也存在着企业信息系统的实践假设与企业的运作偏好相悖的情况，为企业带来痛苦的经历。这是由于，企业信息系统涉及企业运作的众多方面，对于企业的潜在能力有着严格的要求。在企业信息系统实施中，企业的业务需要向系统看齐靠拢，这就使企业不仅需要重组核心业务流程，同时需要调整包括组织文化、决策制定、风险取向、激励与领导以及对于信息技术的价值评估等多方面的内容，使得企业信息系统实施变得异常复杂。如果一个企业事先对自己的业务能力没有一个清楚的理解而急于投入信息系统的实施上，那么，它很快就会发现企业自身的逻辑会与信息系统本身的逻辑相冲突，落入无穷的梦魇之中。可以说，企业信息系统实施本身可能是一个更大的挑战[18]。

无论如何，企业信息系统实施是组织中一件不折不扣的大事情。当考虑实施一个企业信息系统时，企业决策层需要慎之又慎，对于企业信息系统收益的热情不应蒙蔽它们潜在的危险。果断决定、迅速实施可能是一个不错的选择，但是过分的快速则一定是一个灾难。一个全面的组织就绪性分析与稳健的自我衡量或许是缓冲和降低风险的一个不错的选择。

本章其他部分的组织方式如下：第一节将综述企业信息系统实施的概况，讨论它的发展历史、现状和特点；第二节、第三节和第四节介绍现有的系统实施就绪性分析方法，包括两套方法论和若干具体方法；第五节将综合评述当前的研究状况，指出以后可能的发展方向。

第一节 企业信息系统实施概况

信息系统领域有着长期的关于"实施"的研究历史。这些研究致力于厘清实施过程，识别实施成功或者失败的影响因素，为企业的系统实施提供指导和帮助[27]。Lucas 将信息系统实施定义为：将一个信息系统引入组织的全过程，包括规划、分析、设计、安装与运行等[28]。其他关于信息系统实施的定义包括：组织为迎接一个信息系统并使其有效运行的过程[29]；信息系统实施是一个发挥影响的过程[30]；一个设计者和使用者的交互过程[31]；一个问题解决的过程[32]；一个降低信息系统与组织、供应商、维护商之间未决关系的不确定性的过程[33]。

翻开大型企业信息系统实施的历史，其早期的发展多少有些令人沮丧。据统计，约90%的企业信息系统实施超出时间或预算[18]。其中，一些系统实施以失败告终，给企业带来巨大的损失。典型的案例如道氏化学花了7年的时间和接近5亿美元实施了一项企业信息系统框架，结果发现其技术已经落伍，不得不重新开始设计一个新版本的框架[34]。戴尔电脑在花费了大量的时间和金钱之后，却发现信息系统无法适应企业新的分散式流程管理模型,也不得不将之弃用。更有甚者,企业信息系统的实施不当甚至会导致公司的破产,如福克思美尔医药,至今仍然让人心有余悸[23]。事情的另外一面,也有一些企业从信息系统实施中获得了巨大的好处,如先锋新媒体技术公司和美国跨国农业公司孟山都等,企业信息系统的应用为这些企业带来了巨大的活力,使得企业在市场上获得了显著的竞争优势[23]。虽然企业信息系统实施的成功率不高是一个不争的事实,但一系列的数据和事实仍然让人心惊胆战。

在相关研究中,已经有大量的调查和分析试图总结成功和失败的原因。研究和从业人员一致认为,尽管这些系统相对复杂,实施需要大量的时间、财力和专业技能,但是技术无论如何都不是最为显著的原因。最大的问题出在企业的业务上,即实施失败的公司在业务上无法同技术系统相协调。与此相对应的是,那些获得成功的企业的经验表明,他们从一开始就将企业信息系统实施视为整个企业在战略和组织层面上的一件大事,并从业务层面着手准备。在实施中,他们并未将系统实施仅仅看作一个技术项目或者系统,而是从信息系统的角度之外将其看作一个机会,以此来对组织的战略和文化有一个全新的认识。Elf Atochem 的经理们意识到,实施真正的困难来自部门之间的分割,而不是各现存系统之间的独立[17]。

从这个角度来说,有必要先认清企业信息系统实施的特点,这样对人们的理解将会有所帮助。前文已有讨论,企业信息系统就其本质而言是一系列管理思想和技术的结合。那么,企业信息系统实施的本质是将其系统自身的逻辑施加到企业的组织方式、战略、业务和文化上[35]。因此,企业信息系统实施需要整个组织的总动员,需要技术、人员和资源的整合,以及需要对于组织业务流程的重组和文化的调整,以确保实施的顺利进行。

首先,企业信息系统的实施对于组织来说是新的生产工具和运作方式的引入,其必然导致组织现有资源和人员的重新组织与安排。信息系统的引入要求企业加强不同业务部门之间的沟通,整合内部资源,并协调它们与信息系统之间的关系。同时,结合信息系统实施的需求,考虑系统实施对员工能力的影响和对培训的需求,并做出相应的调整部署。

其次，企业信息系统的实施意味着企业做业务方式的改变，企业需要重新设计业务流程，满足企业信息系统的要求，以充分发挥和利用它的能力。在新的业务模式下，企业采用信息系统连接各个业务单元和流程，沟通客户和供应商，根据信息系统内的最佳实践流程去标准化自身业务流程，保证这些流程与系统内的流程相吻合，并进而打造适应企业战略需要的流程[23]。

再次，企业信息系统同时还是一个可能对组织的文化施加影响的管理控制工具，其实施会对企业的文化产生一个直接的、甚至看似矛盾的影响[36-37]。一方面，由于它将信息集中化管理、流程标准化监控，使得企业的执行力得到加强，培养了一个更为统一、铁面的命令-控制型企业文化。另一方面，由于它同时也提供了对于企业运作信息的方便及时的访问接口，使得企业的组织结构变得扁平化，企业信息系统可以用来打破官僚体系、释放组织活力，进而创建一个更为灵活、高效和民主的组织。Elf Atochem 的一位高级经理曾经说过："我们计划使用 SAP 作为一个攻坚的利器，将组织文化变得更为民主和自治"[18]。

由于这些特点，企业信息系统实施有其自己的规律和方法。Herold 等指出，企业信息系统实施在技术上可以分为六个阶段[38]。选用前阶段，组织开始考虑对新信息系统的需求，识别备选系统方案，并将其纳入组织的战略发展规划。一旦选定一个方案，进入选用阶段，它同时标志着实施前阶段的开始。这里的活动包括技术方案引入的规划、供应商的选择、组织内资源的配置、前期的培训、变革的规划、事前研究、决定整体性实施还是渐进性实施等。如有必要，实施将进入事前研究阶段。员工初次在此阶段会接触这个信息系统，和同事讨论它将如何改变现有状况，并形成一个初步印象。下一个阶段是实际实施，这一过程将占用一段相当长的时间，有时甚至其结束标志并不明显。实施后阶段或者称常规化，代表组织重新恢复常态。在此阶段，员工也在他们自己意愿范围和能力之内使用和适应系统。随着时间的流逝，员工对于信息系统的认可和接受程度都可能发生改变，逐渐认同新系统的使用和价值。

由于与以往的信息系统建设规律不同，每个阶段都需要相应的方法来指导企业信息系统的实施。在选用前阶段，企业需要分析对于企业信息系统的需求，明确自身的业务状态水平，保证企业对于信息系统实施准备就绪。在选用阶段，企业需要适当的方法来帮助其选择适合自己的信息系统，这方面内容在文献中已有专门研究。在实施前阶段，企业需要做出相应的规划，明确企业信息系统实施过程中的关键因素，以确保信息系统的实施的顺利进行[39]。在事前研究阶段，企业需要选择正确的员工作为代表，收集员工对于信息系统的初次体验，适当引导员工间关于新信息系统的舆论导向。在实施阶段，企业需要一整套的方法来指导系统的实施，必要的时候还需要延请专业咨询公司来负责实施。目前主要有两种不同的技术策略：实施标准软件包而尽量不改变标准设置，或者定制系统以适应企业需求。目前，关于企业信息系统实施后阶段的研究相对较少，占主导地位的仍是关于企业信息系统实施的案例分析、企业信息系统实施报告等。

本书的研究范围落在选用前阶段。它涉及企业的基本面，回答企业是否准备就绪的问题。由于企业信息系统的特殊性——它是一系列的管理思想、方法和文化观念与技术方案的融合，企业信息系统实施就绪性分析就其本质而言是分析信息系统对于组织在上述方面的基本要求。因此可以说，就绪性分析是对一个社会的技术系统进行基本特征分析。下文将重点介绍可用于分析企业就绪性的方法。

第二节　软系统方法论

考虑到组织是一个真正的社会系统，企业信息系统的实施将引起整个组织的相应变化。因此，有必要考虑选择一个适合分析和解决社会系统内复杂问题的方法。软系统方法论是一种解决目标模糊、结构不清问题的有效方法。

一、软系统方法论概述

在一般系统论思想的指导下，人们采用一种称之为"硬系统"的方法论来分析和解决系统工程问题。在这种方法论中，人们首先根据有待解决的问题制定一个目标，然后设计出一系列备选方案；根据时间和成本等限制条件，再选择出最适合的解决方案,并付诸实施。这种方法论被称为"硬系统方法论",适用于传统的系统工程问题,如建筑施工等,并取得了不错的效果。硬系统方法论基于这样一个假设:这个系统面向目标并且可以被精确定义;并可以转换为如下问题:如何提供一个有效的方式来满足一个明确的目标?因此,基于硬系统的方法总是从定义目标开始。

早期的信息系统实施采用硬系统方法,属于典型的面向目标的需求分析[40-42],但很快被证明并不十分有效。这是因为,在很多情况下,企业中的问题无法清楚定义。一个企业的信息系统包含众多的利益相关者,他们的目标很可能在某种程度上互相冲突,因而整个系统的目标也就变得模糊,定义问题本身就成了一个问题。

针对这种情况,20世纪70年代中期,Checkland基于系统工程和系统分析的方法并结合实践经验提出了软系统方法论(Soft Systems Methodology,SSM),为解决非结构化或者半结构化的问题提供了一个新的概念、方法和模式[43-44]。软系统方法论的基本思想是通过不断地尝试,反复将系统的概念模型与现实世界相比较,以不断完善系统的概念模型。它使用系统思想形成4种智力活动:感知→判断→比较→决策。因此,软系统方法从整体上来看是一种逐渐完善的学习过程。

二、软系统方法论的分析过程

遵循人类行为学的原则,软系统方法论认为一套解决社会系统中问题的方法论应该同时包括"是什么"和"怎么做"两种元素。在承认不确定性存在的情况下,软系统方法论不再直接应用"是什么—怎么做",而是先尝试表达问题情况,随后做出尝试性的相关系统定义,然后建议一系列的活动序列来解决问题。软系统方法主要实施步骤如图2.1所示。

(一)进入问题情境

当一个问题情境尚未明朗时,人们会对此感到不舒服,并试图进入并开始了解问题情境。由于这个问题的环境过于复杂,人们一时无法提供精确的问题定义。

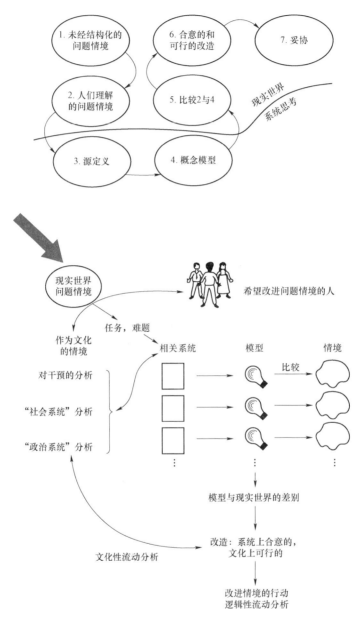

图 2.1　软系统方法实施过程[45]

（二）理解问题情境

人们试图表述问题情境以及内部各元素之间的关系。描述的内容包括：

- 人员：所有对问题情境感兴趣的人，或者可能受到问题情境变化影响的人；

- 文化：社会角色、行为规范、价值观等；
- 政治：权力的获取、使用、保留和转移等。

软系统方法论建议使用"丰富图"（Rich Pictures）来表述一个问题情境。丰富图要能够尽可能多地捕捉到跟问题相关的信息，发现与问题相关的人类活动系统，揭示问题的边界、结构、信息流以及沟通渠道等。

（三）源定义

承接上一步，相关系统定义可能关注与改进问题有关的人类活动系统。这个步骤开始进入系统思考，主要对相关系统进行源定义（Root Definition），回答有关系统是什么的问题。人们可以从以下视角审视一个问题：

- 谁是系统的客户/受益者？
- 谁是系统的执行者/参与者？
- 系统的输入经过何种转化过程变成输出？
- 系统潜在的假设/世界观是什么？
- 谁是系统的所有者？谁有系统的最终控制权？
- 系统的环境约束有哪些？

（四）拟定系统的概念模型

在这一步，需要对上述的源定义进行详细阐释，并进而拟定一个概念模型，表示一个可能的问题解决方案。概念模型用一系列动词或者动词词组来描述系统内发生了什么、系统如何工作以及如何实现目标等。同样，软系统方法论建议用图形化或者流程化的形式来表达相互关联的活动。

（五）比较概念模型与现实世界

这一步的分析过程又回到现实世界。对于上一步拟定的概念模型中的每个活动，可提出如下一系列的问题：

- 它发生在现实世界中吗？
- 它是如何发生的？
- 用什么标准来判断？
- 它在现实世界中是主观的吗？

根据这些问题，将概念模型与现实世界中的问题情境相比较，并对比较结果进行讨论，质疑概念模型中的世界观，从而理解世界观的推断。概念模型还可用来揭示可能的问题解决方案。

（六）识别可能且可行的变化

从概念模型获得的分析和理解结果出发，这一阶段的任务是找出既可能又可行的变化，并根据实际中的可能性和必要性确定系统所需要做的变化。

（七）采取行动

至此，可将之前识别出的变化付诸实施，并改善问题情境。

Checkland 特别指出，软系统方法论并不仅仅是一个包含七个步骤的技术性方法，而是一套方法论。只要满足其思想和原则，它在实施过程中可从任意一处开始，无限循环应用。因此，它强调的是一个对问题情境不断学习和理解的过程。

三、软系统方法论的优缺点

在解决问题过程中，软系统方法论通过确认组织中的不同角色、规范及价值，根据参与者所觉察到的"社会系统"来发展系统模型，为解决复杂的社会系统问题提供了一种新的思路。软系统方法论的特点包括：（1）与解决问题的技术方法相比，软系统方法论更关注解决问题的方法论；（2）运用结构化的思想来解决复杂的社会系统问题；（3）对于解决复杂的社会问题，软系统方法论所提出的活动序列严谨有效。同时，软系统方法论也存在一些局限性，如软系统方法论过于一般化；当没有明确的结构和解决方案时，不容易画出"丰富图"等。

实践证明，软系统方法论对于分析和解决不确定的系统问题具有相当的实际价值，在西方国家诸多领域的应用中都取得了巨大的成功。在系统理论停滞不前的时期，它的出现是系统理论的一个较大的更新和转折，有人甚至称其"在系统思想史上具有承前启后的作用"。

第三节 问题明晰方法

前文已经讨论过，企业信息系统实施的就绪性分析就其本质而言是分析一个组织作为社会－技术系统的特征，不断完善对这个组织的认识的过程。那么，在实施过程中需要一套针对社会－技术系统的行之有效的方法来辅助分析。问题明晰方法是一套加强版的软系统方法论，具备分析组织的社会－技术特征的能力[46]。

一、问题明晰方法概述

信息系统实施中最困难的事情不在于技术实施方面，而在于组织的业务方式，这一点在企业信息系统实施中显得尤为明显。这就要求，一套企业信息系统实施的方法不仅要能够有效地指导技术系统的实施，还要有分析和透视组织中复杂问题的能力。它涉及组织中的业务、管理、文化、社会等方面的问题，对于这样一种方法是一个不小的挑战。

由于软系统方法论并非针对信息系统开发而设计，而且过于一般化，它在信息系统实施过程中存在一系列不适应性问题。旨在克服软系统方法论的弊端，Stamper 和 Kolkman 等在 20 世纪 90 年代提出了面向信息系统分析的问题明晰方法（problem articulation methodology，PAM），指导信息系统实施中的需求分析[47-48]。经过 Liu 等人后来的持续发展，目前问题明晰方法已经初具雏形[49-52]。

问题明晰方法从一个模糊的问题情境出发，通过不断的结构化分解来分析一个复杂的问题。针对每一处局部情境，采取同样的办法勾画问题的结构，并不断循环往复，以此来分析处理组织中的"软"问题。对于每一个问题情境，问题明晰方法从不同的侧面分析其特征，以达到清晰阐述问题的目的。从本质上来说，它吸收了软系统方法论的精髓，更大程度上属于一套方法论，而不仅仅是一个方法。

二、问题明晰方法的主要技术

问题明晰方法提供了一套结构化分析企业的问题情境的方法。它首先将一个复杂系统的问题情境分解为具有一定结构的、便于管理的细小单元，称之为"单元系统"。每个单元系统可继续分析其所包含的利益相关者；结合信息系统的生命周期，接着分析单元系统的支撑结构，并指出其所需要的技术活动与资源。

问题明晰方法可用于理性统一过程中的初始阶段（如图 2.2 所示），帮助分析和澄清企业的问题情境。这一阶段是系统建设的最前端，地位重要但容易遭到忽视。问题明晰方法从这里出发，分析和讨论系统开发需要考虑的相关事项，为后续阶段做一全面的基础结构检查。

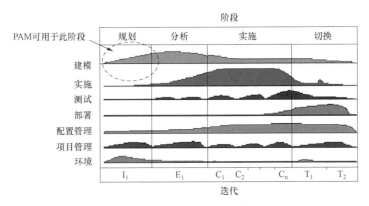

图 2.2　问题明晰方法在系统实施中的位置

在分析过程中，问题明晰方法将组织看成一个信息系统，其中技术、利益相关者和业务紧密相连，共同织就成一个问题情境。问题明晰方法就从这个复杂的问题情境出发，逐步解析各个要素的基本条件，以满足企业信息系统的要求。具体而言，问题明晰方法主要包括单元系统定义、利益相关者识别、支撑系统分析和价值评估四种技术。它的总体结构如图 2.3 所示。

上述四种技术的作用分别如下：

- 单元系统定义：用于定义单元系统，划定问题边界；
- 利益相关者识别：为描述分析行为及其利益相关者提供工具，分析核心系统的利益相关者及其角色和责任；
- 支撑系统分析：结构化地分析问题与目标系统，描述一个核心系统以及环绕在其周围的支撑系统；

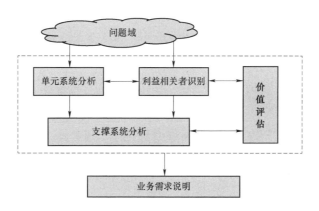

图 2.3　问题明晰方法总体结构图[53]

● 价值评估：针对一个单元系统，揭示每个利益相关者对它的价值构成，提供一套框架来描述利益相关者对单元系统的价值取向。

经过一个循环的分析，问题明晰方法可为单元系统识别出利益相关者和支撑系统。前者可判断出利益相关者及其对企业信息系统的价值取向，后者可分析得出信息系统所需要的技术资源，从而完成组织的基础结构分析。

问题明晰方法是一个不断尝试理解和澄清问题的过程。与软系统方法论类似，问题明晰方法并非一个线性的过程，它可以从任何一种技术开始，在分析的过程中随需要跳转到之前或者之后的其他技术，而不会影响分析的结果。问题明晰方法实施的过程就是问题理解的过程，这个过程的重要性不亚于方法所输出的结果。

三、问题明晰方法的优缺点

实践应用表明，问题明晰方法在分析复杂的组织问题方面，尤其在问题尚未明确的情况下，能够取得较好的效果。由于从组织基础结构的视角来分析企业信息系统实施，问题明晰方法的这一特征具有明显的优势和价值，使它能够用来处理复杂和模糊的组织问题。同时，问题明晰方法还有一些不足之处。主要包括：各项技术之间的衔接不畅；单元系统定义的问题分解方法具有随意性，缺乏明确的指导原则;价值评估技术中的各项指标定义不易理解和应用等。这些问题都有待进一步完善和解决。

第四节 企业信息系统实施就绪性研究中的其他主要方法

前两节简要讨论了两个可用于企业信息系统实施就绪性分析的方法论,本节将介绍就绪性分析中的一些代表方法。

一、Davenport 的研究

Davenport 在他的 *Mission Critical: Realizing the Promise of Enterprise Systems* 一书中这样写道:"尽管几乎每个公司都在积极地引入企业信息系统,但是这并不是一个必然的结果。……企业信息系统并非为所有组织或者组织中的任意一个部门设计。问题的关键在于,我们需要仔细考虑企业信息系统是否适合组织,以及组织对于信息的需求。"在他看来,企业无疑需要清楚地知道信息系统实施对于企业真正意味着什么,以及需要哪些准备工作。他指出,为检查系统实施的必要前提,企业需要收集相关信息并回答以下 7 个方面的问题[17]:

1)数据以什么形式出现?关键的数据项是否定义清楚,如"客户"一词的对象是否明确无二义?

2)人员具备多少企业信息系统需要的技能,他们能够适应新的工作方式吗?

3)技术的基础设施如何,当前的服务器、桌面机和网络能否支持新系统的实施?

4)从公司层面以及从业务单元角度,企业的核心战略如何?

5)企业打算在新系统上投入多少资金?它们将如何影响公司的财务表?

6)管理层如何看待这样一个系统,他们理解系统的本质和目的吗?他们是否认可一个集成的、统一的业务系统?他们如何公开地和私下地评论这件事情?如果他们目前还不支持,他们最终会支持吗?

7)在未来的一段时间里,组织有没有可以预见的变革将会影响企业信息系统的实施效果?

一旦实施的决策做出之后,企业则需要做进一步的检查。企业需要评估检查信息系统与企业的战略、结构和文化是否相匹配——他一贯持有的观点是"将企业放在信息系统中"[18]。企业应当承认它们之间差异的可能存在,并且不能指望组织的文化会魔术般地在一夜之间发生改变。在业务流程方面,Davenport 指出业务流程重组的必要性,并建议了一个基于企业信息系统的业务流程重组的检查流程[23],如图 2.4 所示。

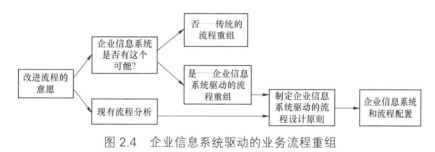

图 2.4 企业信息系统驱动的业务流程重组

Davenport 在企业信息系统实施领域颇有影响,他的一些理念,如企业信息系统是企业的一种运作方式[17]、企业信息系统实施方法都对工业界产生过重要的影响[17,34]。但是,在衡量组织的就绪度方面,他却只给出了上述问题列表和大体流程,并未给出一个切实可行的可操作性方法。

二、Abdinnour–Helm 的研究

Abdinnour–Helm 研究了员工的态度在企业信息系统实施准备中的作用[54]。他指出,系统实施早期的员工态度是一个关键因素,将影响到实施中的行为和决定系统实施的成败。因此,组织对于实施前期员工态度的评估将有助于判定组织的就绪度,是十分有必要的。一旦找出问题,组织可以据此来调整实施方案,以确保员工持有积极的态度和系统实施的成功进行。

Abdinnour–Helm 采用定量方法来研究澳大利亚的一家飞机制造企业,后者在当时的两年前开始实施一项企业信息系统。通过建立检验假设、数据收集和处理、生成统计特征,Abdinnour–Helm 等发现:(1)员工在实施前阶段的参与度

在态度形成过程中的作用并不明显。(2)工作任期和工作类型都是影响员工态度的重要因素。工作任期短的员工和工作岗位级别高的员工对于企业信息系统的认同度和接受度会更高一些。他将(1)解释为,可能由于员工对于企业信息系统缺乏热情,所以对企业信息系统的接触和不同程度的参与并未显著改变员工的态度。他将(2)解释为,由于工作时间短的员工没有 IT 系统实施的经历,所以对企业信息系统更乐观一些;工作岗位级别高的员工更了解企业的业务运作,所以更愿意相信和更容易认同企业信息系统。

根据 Abdinnour-Helm 的研究结果,与实施前期的参与度相比,工作时间和岗位对于企业信息系统的认同度和接受度有着更大的影响。Abdinnour-Helm 的这一发现也就解释了为什么一些组织在实施前期尽管投入了大量的时间、金钱和精力,却未能取得预期的效果。因此,Abdinnour-Helm 建议,企业信息系统实施过于迅速并不利于员工了解这个系统和充分认识它的价值,因为员工需要时间来学习新系统如何工作,同时消化和吸收新系统将带来的变化。

Abdinnour-Helm 的研究揭示了员工态度在企业信息系统实施过程中的作用,有助于理解"人"的因素。同时,他的研究也存在一些局限性。首先,由于他只调研了一家企业,虽然这样有助于深度理解员工态度的形成影响因素,但未必有代表性。其次,员工的态度是动态的,会随着其对企业信息系统认识的深入和使用经验的积累而不断改变。Abdinnour-Helm 只衡量了一个时间点的员工的态度,如果这个时间点选择不好,可能会使研究的结果有失偏颇。再次,他只是分析三个因素对于员工态度形成的影响,它们可能既不完整也不完全,很难保证其他重要因素没有被遗漏。

三、Raymond 的方法

相比于以往的研究大多集中于企业信息系统在大型企业中的实施情况,Raymond 研究和分析了企业信息系统在中小企业中的实施问题,重点回答了"什么构成了中小企业的就绪性"以及"如何评价一个中小企业是否准备就绪"的问题[55]。

Raymond 首先提出了一个评估制造业中小企业的信息系统实施就绪级别的

概念模型。这个模型包含四个方面：组织的内部环境、来自外部的压力、业务流程以及组织对企业信息系统的认知程度。其中，组织的内部环境包括组织的竞争战略（如成本领先战略）、资源的可用性（如软件系统、实施的人力资源、调整业务实践的费用）、企业的运作方式（如是否重视生产方式管理）、信息系统的复杂度和采购方式等。来自外部的压力因素包括组织的环境（如市场的不确定性、来自竞争对手的压力等）和组织业务对其他公司的依赖等。业务流程方面包括管理流程和业务流程的集成度等。组织对于企业信息系统的认知程度包括对信息系统的认同度、支持度和实施的意愿等。由于中小企业像是一个"有机体"，能够反映出企业家的信念、态度和行为，所以企业家对于企业信息系统的效益和战略价值的认可和支持将是系统实施的坚实保证[54]。

Raymond 还指出，企业的规模和所处的行业也可能对信息系统的就绪性产生影响。规模大的企业一方面拥有较多的资源，另一方面信息系统应用复杂度也较高，可能影响到企业实施信息系统的倾向。处于技术密集型行业的企业可能具有更为复杂的流程，因此有更为迫切的集成需要，也就更容易采用先进的信息技术系统。同时，在某些特定的行业，如飞机和汽车制造等，一些中小企业可能是完全依赖于其上下游的大公司，由于需要与这些大公司合作因而也可能更倾向于实施信息系统。

根据上述模型，Raymond 做了一个基于 11 家企业的实地研究，以评估这些企业的就绪程度。经过数据收集和聚类分析（最近邻算法、欧式距离），这些企业被分成三组：主动型、被动型和滞后型企业。第一组中的企业正在或者愿意全力以赴地实施企业信息系统。第二组企业因需要改善技术基础设施，因而不得不实施信息系统。第三组企业则尚未意识到企业信息系统实施的必要性。

此外，根据这个模型，Raymond 接着提出了一个方法来帮助检查组织的就绪性。这个方法包括三个步骤：第一步，检查组织环境，识别公司的战略方向和目标，并将之与信息系统的目标和功能相协调。同时，审视企业的外部环境因素，对环境的影响、竞争情况和来自主要客户和合作伙伴的要求做出回应，以提升产品质量和供应链集成水平。在第二个阶段，从组织内部环境、对信息系统的认知和业务流程等三个方面进行企业信息系统的就绪性评估。针对组织内部环境的评估关注于企业组织系统的复杂性,并由此决定信息系统实施所需要的人力、技术和财务资源,以及所需要的培训等。针对信息系统认知的评估主要识别出信息系统实施所需要的积极性和教育水平,以保证取得管理层和普通员工的积极参与和支持。针对业务流程方面的评估在于结合企业的战略识别出需要调整的业务流程,列出系统实施的目标(如将实施哪些模块)。第三个阶段是实施规划。根据企业对于信息系统实施的倾向类型(主动型、被动型、滞后型),决定实施过程中的资源规划与分配。Raymond 的方法如图 2.5 所示。

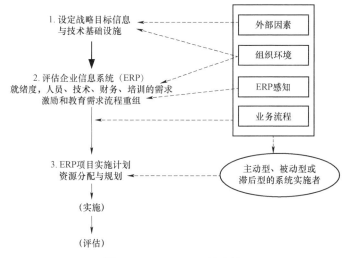

图 2.5　Raymond 的方法

Raymond 的研究提供了一个企业信息系统实施就绪性分析的框架来衡量企业的就绪性级别,同时提供了一套方法以识别组织准备情况的有待改善之处。他的研究具有很强的指导意义。但是,通过上面的详细介绍也不难看出,这一方法具有明显的应用对象特征,它专门为中小企业信息系统实施就绪性分析而设计,并不适于其他类型的企业。

四、Stewart 的研究

Stewart 等认为,企业信息系统实施是对企业中原有运作方式的一种挑战,必将遭遇或明或暗的阻力。为提高有效性和成功率，Stewart 等从组织文化、用户参与度和授权、风险取向和领导模型等方面入手，进行了一系列关于企业信息系统实施就绪性的分析和研究，并尝试建立一个企业信息系统实施就绪性的标杆模型[27,56,57]。

Stewart 认为，组织文化塑造形成了组织内的规范、价值观和信念，指导着员工的行为，因此在企业信息系统实施中占有举足轻重的作用。在组织文化评估手段（organization culture assessment instrument，OCAI）和竞争价值模型（competing values framework，CVF）的基础上[58-59]，Stewart 等采用了一个同时包括定性和定量的多种方法来分析组织文化如何影响企业信息系统的实施，以揭示组织与系统实施之间的关系。遗憾的是，Stewart 等并未在文章中给出研究的结果。

在另外一篇文章中，Stewart 等指出用户参与度与支持度是企业信息系统实施的一个重要因素。他从授权的角度来分析用户的参与度与支持度将如何影响到企业信息系统的实施。具体而言，他识别出 6 个授权的方面，即工作的意义、工作的影响、员工自主权、自我效能、自我决定以及员工的能力等。经过数据的采集和统计，他们得出的结果符合模型的假设。

此外，Stewart 等还分析了风险取向与领导模型对于系统实施的影响。企业对于风险的态度以及是否鼓励等都将影响到系统实施的效果。作者分析了企业的领导模型在系统实施中的作用。但是，由于并未见到具体的研究，这两个方面还停留在研究的初级阶段。

Stewart 等人的研究旨在分析企业信息系统实施的就绪性，拟建立一个就绪性的标杆模型。他们的研究具有很强的指导意义，相信将改善组织的实践和提高系统实施的成功率。但是，他们的方法重在分析与揭示与系统实施之间的关系，尚未给出辅助分析就绪性的具体方法。

五、Hong 的研究

同样鉴于企业信息系统实施的高失败率的事实，Hong 等人认为系统实施的最大挑战在于信息系统和组织之间的相互适应。这种相互适应的过程，实质上是通过对信息系统的配置和组织业务的调整，使得组织的运作流程得以同信息系统的内嵌功能相一致。因此，他们的研究从组织与信息系统适应度的角度出发，分析这种适应度对于信息系统成功实施的影响[15]。

具体而言，Hong 等人首先将组织与信息系统适应度定义为组织的信息系统构件与其环境之间的匹配程度，包括数据、流程和用户的匹配程度。紧接着，从项目管理的要素来衡量信息系统的成功实施，包括时间、费用、效果和收益等。然后，在二者之间引进相关变量，包括信息系统调整、流程调整和组织的抵抗等，意在表明通过这些相关变量的缓冲作用将前述两个方面联系起来。这一研究思路可表示为图 2.6 的概念模型。

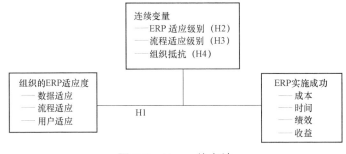

图 2.6　Hong 的方法

通过 34 家企业的实地研究，经过问卷调查、收集数据和统计分析，结果显示，信息系统成功实施与适应度显著正向相关。此外，结果还显示出，当组织与信息系统的适应度较低时，信息系统和流程的调整对于信息系统成功实施有正面的促进作用；当组织与信息系统的适应度较高时，二者反会起到一定的副作用。

Hong 等人的研究结果表明，企业需要在实施之前评估在组织和系统之间的适应性，以确保企业信息系统实施的成功。它验证了在实施之前进行组织与信息系统的适应度评估的必要性，对于本书的研究是一个支持和佐证。但是，他们的研究仅在于验证适应性与实施相关变量之间的关系，同样没有给出明确的关于如何实施就绪性分析的指导方法。

六、陈宏等人的就绪度模型

在国内,陈宏和黄洪等人提出了一套 ERP 项目实施就绪度模型[60]。他们首先采用问卷调查的方法建立模型的指标体系。根据收回的 61 份问卷,他们将指标分为四个类别,分别是组织流程、企业管理基础、投资与技术能力、实施能力等。每个类别又由四到六项具体指标构成,并根据各指标在问卷中的出现频率为其确定权重。这些指标和权重构成 ERP 系统实施的就绪度模型。根据这一模型,组织在测评过程中需要聘请专家组成评价小组,由每个专家对各项指标逐一打分,之后再将这些分数组合汇总,生成组织总的就绪度评估值。在这一模型中,陈宏等人将组织的就绪性划分为四个级别,分别为业务规划级、分析和设计级、持续改进级和可实施级,以描述组织的准备情况。

陈宏等人的模型是一套基于专家经验的指标体系,简单实用,有实际指导意义。另一方面,由于其研究基于通过问卷调查而来的专家经验,因此这样一套指标体系的完整性有待验证。此外,它的指标体系的分类法也有待进一步商榷。

此外,Ocker[61]、Baki[62]、Lai[63]、Li[64]等人也提出企业信息系统实施的就绪性分析方法,他们或提出模型,或从事案例研究,从业务准备或人员准备的角度报告了就绪性研究中的某一方面的问题,对相关研究做出贡献,本书不再逐一细叙。

第五节 企业信息系统实施就绪性研究方法评述

一、企业信息系统实施就绪性研究方法综述

当前,尽管学术界对于企业信息系统实施讨论很多,但对于就绪性方法的研究并不多,尤其是具有实践性和操作性的方法更是不多。

从管理的角度来看,多数作者认为,企业信息系统实施的本质是一个包括战略、组织和技术等多个维度的系统工程[15,27,39,65]。因此,企业信息系统实施不仅包括软件配置等技术方面的问题,也包括业务调整等组织管理方面的问题。更为

复杂的是，当企业信息系统实施包括调整现有的业务流程至标准流程时，其他的组织元素如组织结构、考核机制、组织文化、培训等同样需要做出相应的调整。这就要求组织以企业信息系统的实施为驱动，进行一次突破性的变革，全面改变组织这个社会–技术系统。

从技术的角度来看，企业信息系统可看作组织内的一项技术创新，其实施过程同时是一个与组织之间动态的、互相适应的过程。这个过程包括信息系统的安装与配置、员工的培训、组织流程的设计与修改等活动。这些活动一方面促进了组织内社会活动的进行，同时也改变着组织的结构属性和系统内在的属性。可以说，企业信息系统实施既是对技术的再发明与再创造，也是对组织的再设计与再适应[66]。

以上的两个看法并不矛盾。无论从哪个角度，企业信息系统实施需要从社会、组织和技术的角度做一次全面性的分析，包括对当前的组织结构、责任体系、决策体系、员工技能、人力资源系统、通信系统、管理风格等的大检查，以及对组织文化的重新审视。组织需要做的准备与检查工作包括技术、人员、业务和文化等各个方面。例如，在人员方面，企业信息系统的实施将影响员工的积极性、培训计划和现有员工的能力；在业务方面，由于新的流程模型需要功能接口，业务单元之间的协作变得关键；在文化方面，由于员工在流程设计和系统设计方面的话语权被压缩，最可能的参与活动仅限于在将技术与业务需求整合过程中进行选择并接受一个系统，员工对于系统接受度的不确定性增加；类似的细节都需要细致入微地全面检查，以保证企业信息系统能够与组织顺利融合。因此，企业信息系统实施需要采用一个社会–技术方法将技术、组织和文化的需求同时纳入考虑范围之内，以便进行有效的分析[67]。

二、企业信息系统实施就绪性研究的发展趋势

经历了近二十年的发展，当前的企业信息系统实施的境况已经和以前大不相同，无论是在系统实施的使命还是实施的要求方面。

在使命方面，企业信息系统实施的第一次浪潮的任务主要表现为企业在业务流程和信息系统之间调整适应，使二者尽可能匹配，以促进企业的改革与发展；

下一轮实施的关键在于，企业将需要快速地学习和持续地投资于新功能和新特性，为企业的业务创新提供智力保障和动力源泉。越来越多的企业已经意识到，企业信息系统的启用仅仅是一个开始，更为精彩的旅程还在后面，因此也开始为实现更为充分的企业信息系统能力做准备。

在要求方面，企业信息系统实施与其他企业项目不同，人们能够感觉到时代的发展所带来的显著的变化。技术方面，系统应用从客户端转向浏览器；业务流程方面，企业开始采用位于组织之外的新的流程模型；组织结构方面，企业开始从面向功能的业务单元转向面向流程的业务模式[27]。这些都对企业信息系统实施提出了新的挑战，也要求下一代的研究者和业内人员提供新的研究和方法来解决这些问题。

一个明显的趋势是，随着云计算的发展，以及企业信息系统的成熟和标准化，企业信息系统越来越趋于向网络迁移。这种网络化的结果是，企业信息系统对组织的要求将会更高，其实施更倾向于组织方面对于信息系统的适应。它要求组织能够合理有效地组织和驾驭组织内的各种信息资源，这也是为什么企业流行架构和组织将向面向服务的体系结构变迁的原因之一。

即使回到实施的业务端，企业信息系统实施的众多组织问题仍然未解决。Likert 指出，结构、任务、技术、人员之间的依赖关系应该成为组织中信息系统实施的主要研究内容[68]。这一论断至今仍然成立。任何一个组件的改变都将不可避免地引起其他组件的变化，信息系统实施的结果不仅仅是技术的改变，同时包括任务、结构和人员上的相应变化。当前的一个研究热点便是企业信息系统实施中用户的授权实践[57]。事实上确实如此，人们发现经常引起问题的领域往往是与用户授权和用户的责任相关的领域。

随着企业信息系统范围的不断扩大和功能的增强，它在带来额外收益的同时也带来了潜在的风险。组织在企业信息系统实施之前需要更加谨慎，采用一套社会-技术方法仔细检查组织的每一个方面，以确保为信息系统的引入做好准备工作。问题明晰方法将采用信息系统结构的视角审视组织，将组织看作一个信息系统，采用结构化的方法逐层逐步分析，在对"两个"信息系统的比较中发现不足，识别差距，为企业信息系统的实施做好准备。

第三章
企业信息系统实施就绪性分析的基础理论探讨

任何理论和方法的背后必然有一套本体论和认识论思想。它们反映了提出者对于世界本源的认识，以及对于世界构成的看法。正是在这种认识的基础上，人们才能够针对现实中的某一特定问题提出一套理论或者方法论，以期解释或者解决之。这是一切科学研究的必由之路。

如同人们对于同一个事物会持有不同的观点一样，研究者们对于同一问题也可能采用不同的本体论、认识论和方法论预设。它实际上代表着研究领域中的不同范式。按照托马斯·库恩的范式理论，范式是被人们所采纳并且奉为圭臬的一组假说、理论和方法的总和，反映一套科学理论的内在结构和基本出发点[69]。对于一种范式的采纳往往决定着人们探索世界的方式，决定着研究的理论和方法，也在一定程度上决定了可能的研究成果。

本书的信息系统研究所采用的是一种信息域的研究范式。首先，它采用一种激进的主观主义立场，认为在物理环境之上，世界由主体及其社会行为所构成。其次，在研究社会和组织时，它强调主体、行为、责任及规范的作用。在一个组织中，组织行为通过规范而产生，经由规范引导和控制，因此一个组织是一个社会规范的系统。第三，信息无处不在，信息根据不同的目的组成不同的信息域[70]。在信息域中，人们通过信息交换而共享规范、协调行为以及完成组织目标。本书的研究方法就是建立在这样一种范式的基础之上的。

关于科学范式的讨论通常和哲学范式连在一起。因此，本章从哲学谈起。本章的组织方式如下：第一节将主要介绍本书的哲学立场——实用主义；第二节主要讨论组织符号学,以及它对于信息系统的影响;第三节讨论社会学中的结构化理论,以及它对于信息系统的理论贡献和指导意义;第四节将用结构化理论扩展组织符号学的理论,提出本书方法的理论依据;第五节对本章做一小结。

第一节 实 用 主 义

西方哲学中一直存在关于实在本体论本质的不同的争论。这些本体论并非哗众取宠或者无病呻吟,相反,每一种本体论都有着丰富的蕴含,代表着一定的范式。但是,这些本体论之所以争论不休,在皮尔斯看来,是由于它们各执自己的观念,都没能正确地理解对方。它们或者使用一个没有明确意义的概念(词语、观念或者命题),或者为这个概念赋予了太多的意义,使得这些概念在本质上变得越来越模糊不清。在这种情况下,首先需要解决的问题,就是确立概念的真正意义[71]。

19世纪美国哲学家皮尔斯(C. S. Peirce)倡导的实用主义提供了一种澄清概念的方法。皮尔斯认为,概念是具有通用类型的存在方式的某种事物[72]。一个概念的真正意义在于,它在所有可能的情况下通过行为带来实际效果,这些效果的总和构成了这个概念的全部意义。除此之外,这个概念不再有更为准确或者更为完整的定义。从这个意义上讲,实用主义强调"行为"和"效果",它把"经验"和"实在"归结为"行为的效果",把"知识"归结为"行为的工具",把"真理"归结为人们的"信念"。实用主义的要义体现在皮尔斯所表述的这一观点中:认识的任务,不是反映客观世界的本质和规律,而是认识行为的效果,从而为行为提供信念("思维的唯一职能在于确立信念")。

在皮尔斯的实用主义中,信念就是人们在某个命题的判定基础上形成的习惯和行为方式[73-74]。信念具有三重特性:第一,它是人们所意识到的某种东西;第二,它平息了怀疑的焦虑;第三,它在人们的本性中建立起一种行动的规则,或者说,建立起一种习惯。皮尔斯的信念所要追求的目标并不是一种暂时的状态,而是一种长期的、安定的状态,它必须与实在相符合。否则,人们即使能够获得暂时的安定，也随时面临着陷入疑虑的危险。对于皮尔斯来说，人的最终目标在于消除由怀疑所带来的不安，建立起信念。

因此，人们必须寻找到一个确定信念的切实可行的方法。在皮尔斯看来，有四种方法可以帮助人们确立信念。其中，固执的方法、权威的方法和先验的方法都可以在一定时期、一定阶段和一定层次上给人们带来信念，并使人们获得安定。但是，由于这些方法不以客观实在为准绳，试图将暂时的安定状态确定为永恒的真理，僵化人们的习惯，因而最终的结果是人们受不住真正的怀疑的考验，重新陷入更加不安定的状态中。只有"科学的方法"能够帮助人们建立起真正的信念。这种科学的方法就是溯因推理。

由于皮尔斯的哲学观点庞多而复杂，难以用几句话加以概括。因此，本小节将选撷与本书关系最为密切的几处，以简要介绍皮尔斯的实用主义思想（即范畴理论）、符号解析过程和溯因推理。

一、范畴理论

皮尔斯在他的现象学中提出，存在三种普遍范畴：第一性范畴（firstness）、第二性范畴（secondness）和第三性范畴（thirdness）[75]。按照皮尔斯的说法，这三个范畴都属于现象领域，是外部世界呈现在人的头脑中的表象。

第一性范畴是指那种独立于任何其他事物的东西。它们在现象学中属于现象的性质，皮尔斯将其称为"感觉的性质"，如红色、苦味、寂静、坚硬等[76]。性质只能在人的感觉中经验到，并且总是在人的感觉中。皮尔斯认为，由于这些性质必依托某种事物才能呈现，人们不可能经验到纯粹的感觉的性质。这些感觉的性质，既无比较又无关系，既无变化又无识别，既无时间也无反思[76]，既不依赖于主体的心智感知，也不依赖于客体实物的外在存在，它们尚未附着在任何物体之上，仅是一种独立存在的可能性。

第二性范畴是指相对于第一性范畴的东西。它们在现象学中属于无理性涉入而未经理解的经验、赤裸的事实[76]。皮尔斯将其称为与人们"赤裸相向，兀然对立的野蛮的事实"和"一股蛮力"，这种蛮力"无道理，没来由地绽放"，就像电影放映之前屏幕上一处空白时，偶尔闪现一片单色或者一个形状。主体对于这种野蛮的事实或者蛮力的反应，即属于第二性范畴。在现实中，人们极少能感觉到纯粹的第二性。极端情况下，当人们在情急之时感觉头脑中一片空白，可看作是第二性。在日常理解的事物中，如果能从中去除判断、理性、持久性和规律性，剩下的也便是第二性。第二性是在时间和空间上的瞬间存在的事实，代表这个事实在此时此景下存在的现实性。

第三性范畴是连接第一性范畴和第二性范畴的东西。它们在现象学中属于事实所具有的普遍规律。对于主体来说，它们代表着主体的"习惯""记忆""再现"等。同样，人们不可能经验到纯粹的第三性。它总是和前两种范畴交结在一起出现，被人们所判断，并显示出意义。如皮尔斯所指出的，"第三性通过感官的每一条通道涌向我们"[76]。尽管不同的人在不同的时空条件下对某类外部事物的感知效果可能并不完全相同，但是这不妨碍人们使用同样的符号来表达、再现和传递这些效果。这就意味着，世界并非全然是生疏陌异的，事实的现象是可以被理解的，具有受到规律支配的一般性。

这三种范畴之间存在着严格的依赖关系。第一性范畴是第二性范畴的前提，二者加在一起又是第三性范畴的前提。换言之，第二性范畴依赖第一性范畴，第三性范畴又依赖于第一性范畴和第二性范畴。第三性赋予第一性和第二性以意义，三者共同提供了一个动态统一的现实表示。

基于三元范畴的理论，皮尔斯的实用主义本体论绕过了主客二分的争论。实用主义认为外部世界是真实的和独立的。作为自身的存在，物质不以任何事物为前提，属于第一性、可能性或者潜在性。实用主义同时承认经验和存在，认为它们属于第二性范畴，都以第一性范畴为前提。第三性范畴则连接其他两个范畴，起到中介的作用，认为规律和一般概念与其他存在一样，是真实存在的，这是实用主义最为显著的特征。范畴理论在皮尔斯的哲学中具有重要地位，它为后来的符号学奠定了基础。

二、符号解析过程

符号学是研究各种符号的性质和特点的学科[76]。皮尔斯对于符号给出的定义是：对于一个人来说可以在某个方面代表其他事物的一种事物。一个符号是如何工作表达出意义的，可以通过符号解析过程来说明，如图 3.1 所示。

图中所示三角中处于左下角位置的是符号，右下角位置的是符号代表的对象，顶点位置的是解释项，表示在符号和对象之间

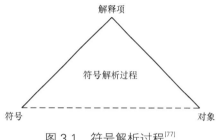

图 3.1　符号解析过程[77]

的转换过程中的中介作用。连接符号和对象的虚线表示它们之间的关系是通过发生在解释者（主体）头脑中的解释过程所建立起来的对应关系。这个解释的过程同时是符号意义产生的过程。这就表明，符号所代表的意义并不天然存在于符号本身，而是从解释项中得来。这一点对于认识符号的主观性很重要。主体对于符号的解析依赖于主体所处的社会环境，包括知识、规范、传统和惯例等。这种主观性为分析社会组织的问题提供了一个有效的手段。

一个符号，例如一个名词"椅子"，代表着第一性，通过一个起中介作用的第三性（椅子的概念）与一把椅子的物体（第二性）相连。作为一个中介范畴，第三性在这个过程中是一种概化的认知过程或者观念。从这种意义上来说，符号解析过程基于社会的传统和规范，知识为符号系统的运用提供了前提，它连接着符号（如椅子的发音）和对象（实物椅子）。需要注意的是，图 3.1 中的虚线暗示符号和它指代的对象并不总是通过经验直接相连，这就为符号指代一个并不存在于当下（此时此地）的对象提供可能。如近两千年前曹操"望梅止渴"的故事就是一个很好的例子。

从符号解析过程中不难看出皮尔斯的范畴理论的影子，即三个元素分别对应三种范畴的最普遍特征。其中，符号可以看作是性质的表现，代表着可能性；对象可以看作是事实的经验，代表着现实性；而解释项则可看作规律的导向，代表着一般性。因此，在这个三角关系中，符号在某个方面（第一性）代表对象（第

二性），并且决定着其解释项（第三性）[76]。通过解释和意义的赋予，第三性与第一性和第二性结合了起来。

三、溯因推理

前文提过，在实用主义中，人们的最终目标在于建立信念，因而需要寻求一个确立信念的科学方法。这样一个科学探究方法致力于对命题做出判定以确立信念。在这个意义上，皮尔斯引入了对命题进行科学探究的三种形式，即溯因推理、演绎推理和归纳推理。

根据范畴理论，皮尔斯指出归纳推理和演绎推理并不能解释和涵盖所有形式的推理，人们还需要一种新形式的推理方式。归纳推理是一种从特定的事实或者经验出发，通过观察到一系列相似的事实或者经验，进而推出一个一般命题的推理形式。这个命题在今后可能应用于这一类事实或者经验。归纳推理的前提条件是，事实或者经验在一定的时空范围内保持不变，并将重复地以一种类似的形式展现出来。这种一般命题由于具有普遍性和可验证性，因而具有第三性范畴的特征。对应地，演绎推理始于一般命题，通过演绎逻辑的推演而得出一个结论。在一个具体情况下，如果一个论断的前提成立，那么它的结论必定也为真，并可将其用于一次实际的事实或者经验。因此，由演绎推理得出的结论具有第二性的特征。由于归纳推理只能决定一条规则（第三性），演绎推理只能从假设推演出结果（第二性），缺少一种可以推出第一性的推理方式。为此，皮尔斯引入了溯因推理。溯因推理是由结果反推出解释性的假设的过程。它通过一种充满创造性和探索性的猜测，提出一个新的观念，以期解释结果。对于一种假设来说，它只是一种可能性，尚有待于被事实检验，因此具有第一性的特征。

在此基础上，皮尔斯所提出的科学探究的方法实际上是对归纳、演绎与假设三种推理的综合，这样科学探究可以分为三阶段：第一阶段是溯因，即"形成解释性假说"，就是获得一个猜测。第二阶段是演绎，即从假说推导出结论或预言；第三阶段是归纳，以确定这些结果与经验的关系，即通过归纳来检验假说。如果假说通过验证，则人们的信念得以增加。

溯因推理根据效果推测状态，在方法论上与实用主义的思想相吻合。在这个意义上，实用主义和溯因推理更大程度上是一种科学探究过程中的科学态度。至此可以看出，溯因推理适用于解释过程，为揭示概念和人们对这个概念的理解提供了启示。因此，本书最终选择采用实用主义作为基本哲学立场。

第二节　组织符号学理论

符号普遍存在于人类的社会生活当中，用来指代和表示其他的事物，包括物体、事件、状态、概念等。人类活动中充斥着不同类型的符号，每种类型的符号都可形成一个符号系统，实现不同的目标。常见的例子如自然语言、音符、数学符号、工程设计标识等都属于符号系统。人类大量的社会经济活动都是在接收各式各样的符号，又发出另外一些的符号，尤其以办公室"白领"等知识工作者的工作为典型[77]。人们只有通过符号才能够讨论和表达"此时此景"以外的事物与状态。离开了符号，一些工作甚至无法进行。

符号学是专门研究符号的一门学问。如果说物理学研究事物的物理性质，那么符号学则旨在研究一个物体在意义传达方面的性质。这里的符号与意义相关，包括符号的产生、传达、解释和表示等。组织符号学起源于符号学，由斯坦波尔（R. Stamper）于20世纪70年代提出，综合吸收数学逻辑学、计算机科学、通信理论、语言学等多学科的理论和思想，旨在分析信息的性质和特征，以及信息在组织范围内的传达、解释与效果等。组织符号学的研究范围涉及信息系统分析、设计、实施和管理等方面，为理解和分析复杂组织问题、企业建模、信息系统设计与实施提供了有效的手段与方法[78,79]。

一、组织符号学的本体论

组织符号学中有关本体论的主要概念包括：主体与行为、赐予、规范以及社会实在的构建。

(一)主体与行为

组织符号学采用一种激进的主观主义——现实主义——作为基本哲学观点，认为唯一可知的世界由具有认知能力的主体构成。在这个世界中，主体生活在它周围的环境之中。这些主体，既可能是个体，也可能是群体，出于生存的需要持续地与环境之间发生着各种行为。当一个主体与环境和其他主体之间交流、沟通和协商时，它同时也在改变着环境。这就要求主体需要不断学习和适应环境的变化，如此循环往复。

(二)赐予（affordance）

在学习和适应的过程中，主体感知环境中的相对稳定的模式，并将它们作为环境对于自己的"赐予"。根据它们以往的经历，主体会从环境中识别出一些固定的模式，包括感觉、活动、态度、关系或者其他的事物等。它们的经验告诉它们这些模式具有什么样的意义，产生什么样的效果，以便日后多加留意。

"赐予"是由直接感知心理学家 Gibson 在研究动物的行为时，结合动物和环境之间的结构关系而提出的概念。在自然环境中，每种动物都有自己的一套生活方式，占据环境中的一个生态位（niche）。在这个生态位中，"环境的赐予是它所能提供给动物的，它所给予动物或者供其使用的；它可能是好的一面，也可能是不好的一面"[80]。Gibson 为解释这个概念给出这样一个例子：一个地理表面，如果它是足够宽阔平坦、坚实牢固，那么这个表面可以赐予"支撑"。对于一种动物来说，它是一个可以用来"支撑"的表面。动物可以站在上面，或者在上面奔跑驰骋。在这个表面之上不必担心会像在水中一样沉没，也不会像在泥沼中一样下陷。当表面的这种性质作为"支撑"赐予出现时，这种性质是仅对于这种动物而言的。（注意，这里无法得出它是这个表面本身的绝对物理性质）考虑到一个生态位中的所有赐予，一个生态位也就代表着一种动物的生活方式，这个生态位里的这些赐予构成了这种动物的全部世界。

赐予是主体世界的基本构成单位。从环境的角度说，自然界"赐予"了主体一些模式，使其有了相对固定的生活方式。从主体的角度，主体在环境中努力寻找稳定的、有价值的模式，即发现"赐予"。这些赐予被记录并保存在主体的头脑中，逐渐形成了主体关于世界的概念图。主体不断发现赐予的过程就是实在的构建过程。对于主体来说，如果不被感知，那么这个实在也就从未真正存在过。

一种赐予支持主体的一种行为模式。只有认识到了赐予的存在，主体才能够实现相应的行为。对此可举出如下例子：一只鞋，对于大多数人来说，它的赐予在于能够用来穿戴保暖；随着发现的深入，人们意识到它可用作藏钱的秘密地——一个新赐予出现；甚至在关键时刻，有些人用它作为武器攻击——又一个新赐予！

通过 Gibson 的赐予理论可以得出，主体的世界由赐予构成。赐予承担着环境所为主体带来的意义和价值，并支持主体的行为模式。然而，Gibson 来的"赐予"只是自然环境中的"物理赐予"，对于人类社会而言，有必要将赐予的概念从自然界扩展到社会环境中，形成所谓的"社会赐予"。

（三）规范（norms）

为研究人类的社会行为，Stamper 将"赐予"的概念从自然环境延伸到社会环境。与自然环境类似，社会环境中同样存在一些不变的模式。为了理解世界和认清环境，人类主体需要识别出这些相对稳定的模式，并将它们添加到自己的模式库。社会环境中的这些不变的模式——社会赐予——就是社会中的规范，一个典型的例子如人类主体之间的合同。

社会赐予支持一定的社会行为模式。在人类社会中，主体之间发生着各种各样的互动行为，即人类主体的社会行为。作为社会赐予，规范为主体的社会行为定义特定的模式。这些规范一方面促成主体的社会行为，另一方面限制着主体的社会行为。

社会赐予是社会实在构成的基本元素。一个社会赐予可以是另一个社会赐予的前提，为后者的实现提供了可能，它们共同构建成了人类的社会实在。可以说，规范是社会实在的"石灰和水泥"[81]。一条规范一般由某个具有权威的主体创建和废止，并在一定的范围内被主体所共享，形成规范域。一个规范域有其独立的存在时间和空间，其内部的主体可能有来有往，但规范将一直存在下去，直到旧规范被废止和新规范颁布。

（四）社会实在的构建

物理赐予和社会赐予共同构成了主体的世界。主体在构建和使用这些数量众多的赐予时，赐予并非如一盘散沙般无序，而是存在着具有严格次序的依赖关系。一个赐予可能需要依附于另外一个赐予，才能获得存在。如"绊倒"必须依赖于"走路"，一个人只有先学会走路，他才可能被绊倒。或者说，一些赐予按照一定方式组合，可以形成新的更高级别的赐予。如"婚姻"和"求婚者"意味着"求婚"的实现。没有婚姻的赐予，求婚就无从谈起。这种赐予之间的依赖关系称为本体依赖关系。本体依赖关系的存在是社会实在构建的基础。一些赐予相互连接成一个网格（lattice），存在于主体的头脑中，形成一段"概念图"，同时表达这些赐予的语义。婚姻赐予的本体依赖关系网格如图3.2所示。

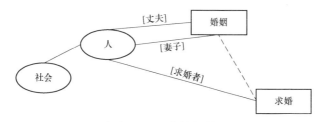

图 3.2　婚姻赐予的本体依赖关系网格

如果主体将所有的赐予以及它们之间的关系汇总形成一张本体依赖图，那么就完成了这个主体的社会实在的构建。这个主体的世界观也就随之形成。

二、组织符号学观点下的信息系统

在上述哲学观点指导下，组织符号学从符号的角度阐述组织符号学视角下的信息系统，研究符号在组织内的使用。组织符号学对信息系统有一套系统严谨的认识，为信息系统学科澄清了一组概念，带来了一些观念，并且提供了一套方法。

（一）符号学观点下的信息的本质

时至今日，信息仍是一个没有统一定义的概念。人们曾经追问："信息是什么？"它到底是信号还是消息，是数据还是知识，是反映客观事物还是反映客观事物的联系？围绕这个问题，一度众说纷纭。对此，组织符号学认为，这种模糊性根源于此前大多数学者混淆了符号的本尊和它的属性。符号是信息的载体，想要研究信息，需要先从符号开始。

一个符号可能是任何事物。作为事物本身，符号有自己的物质属性。但是另一方面，符号之所以成为符号，是由于它存在于一定的社会之中，并在这个社会中代表另一个物体。脱离了社会，符号便不复存在。这也就是说，除物质属性之外，符号还具有它的社会属性，并且更贴近于信息的本质。一个符号的意义、意图和以及它对于人们行为所产生的效果，都属于这个属性的范畴。

在信息系统领域，符号的物质方面的性质首先获得广泛关注。例如在计算机通信等领域，首先用物理学等实证科学分析符号的物理和经验方面的属性，然后采用数学和逻辑学方法来形式化处理符号的经验和结构属性。对于符号的这些分析和处理仍属于"物质"方面，它们建立在实证分析的基础上，取得了令人满意的效果。

相比之下，研究相对薄弱的是符号的社会属性方面。在信息系统领域，符号的社会属性往往伴随着人、组织和社会等方面的问题，其复杂性大大超出了所谓"硬科学"所能解决的范畴。对此，迫切需要一套能够有效跨越软硬交界线的理论与方法，既有能力分析符号的社会属性，同时能够维持逻辑的精确性以同符号的物质属性分析连成一个完整的体系。

在这种背景下，Stamper 在莫里斯（C.W. Morris）的符号学三个划分——语法、语义、语用——的基础上，对符号学进行扩展，增加物理、经验和社会三层，提出了"符号学框架"的概念，如图 3.3 所示。每一层都代表符号的一个属性。符号框架的六个层次可以分为两大领域：信息技术平台和人类信息功能平台。其中上三层为人类信息功能平台，描述符号的意义、意图以及使用符号的社会效果等属性。下三层为信息技术平台，主要研究符号的物理、统计和结构等属性。

人类 信息 功能	社会	信念、期望、功能、责任、合同、法律、文化
	语用	意图、会话、交流、协商
	语义	意义、建议、有效性、真实、含意、指示
信息技术 平台	语法	正式结构、语言、逻辑、数据、记录、软件、文件
	经验	模式、多样性、噪声、熵、信道容量、冗余、效率、编码
	物理世界	信号、轨迹、硬件、速度、经济性、物理差别、组件密度等属性

图 3.3 符号学框架[77]

具体而言，六个层次的研究范围如下：物理层研究符号的物理属性；经验层研究符号的统计属性；语法层研究符号与符号之间的关系，表示符号的结构；语义层研究符号与涉及对象之间的关系，指代符号的意义；语用层研究符号与使用者的行为之间的关系，表示符号的意图；社会层则研究符号与行为的效果之间的关系。当把符号这六个方面的属性分析透彻时，相信有关信息的本质问题就将迎刃而解。

（二）符号学观点下的组织

符号学对于组织的看法源于对日常生活的观察。首先来看两段关于组织和规范的简单描述：

> 社会中存在着各种各样的组织。不同的组织有着不同的目标，也有着不同的文化和行为方式，如俱乐部、政治团体、公司实体、政府机构、国家和跨国组织等。规范定义了一个组织的文化或者亚文化，被组织成员所共享，同时向组织成员施加世界观、价值观、行为方式乃至对于这个世界的感知方式[81]。

> 在日常生活中，规范普遍在于各类组织中，是人们对世界事物的看法的主观倾向。规范以规则、标准、规章制度、法律守则等形式存在，甚至于人们的惯例习俗都属于规范的范畴。规范由人们在社会实践中的经验中总结而来，同时作用（指导、协调和控制）于人们的行动上[77]。

在组织符号学中，组织被看成是由主体的行为组成的社会结构。组织具有一定的目标，由此衍生出责任与任务（行为模式），并将之分配给成员主体，构成一个结构有序的整体。组织的一个显著特征是有组织的行为。为共同完成目标，成员主体之间需要互相协作，规范起着协调和控制行为的重要作用。然而，这些机制的实现，无论是否利用现代信息技术，组织都需要依靠符号来组织人们的行为，如图3.4所示。

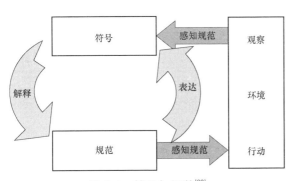

图 3.4　符号与规范[82]

从符号学的角度，组织中的"由符号到行为"的活动可解释如下：人们在组织中观察并感知符号。经过解析，一个符号可能激活若干组织内人们共享的规范。这些规范进而引起人们对待某一事物或者行为的态度上的转变。主体经过理性分析之后，采取一定的行为，而后者又会带来一个新的符号。至此，符号完成了其功能性的一个循环。从这个角度说，只有人们调整态度的时候，一条信息才实现其价值。另一个方面，规范需要被感知。只有被主体感知，规范才可能引起行为的发生。在大多数情况下，规范存在于人的头脑当中。有时候，它们会以书面的形式（如文字符号）体现为规则，这就是规范的符号表达。

上述引用的第二段文字告诉我们，一个社会组织是基于规范的组织。规范指导、协调和控制着组织成员的行为。一个组织的特征也反映着这个组织内部的规范。从这个角度说，规范是组织中"看不见"的结构，是社会组织这座大厦的"石灰和水泥"。因此，一个组织也就可以描述成一个规范系统：即不成文的传统构成了组织的文化环境，和成文的规章制度形成了组织的官僚体系。规范的概念为文化和官僚系统提供了一个彼此联结的手段。采用规范系统的视角，分析组织最终需要分析组织中的规范[81]。

（三）符号学观点下的信息系统

组织符号学的一个基本观点是，一个组织就是一个信息系统，一个信息系统也就是一个组织[83]。

首先，组织本身是一个信息系统。如果把组织看作有机体，信息就像氧气，组织无处不需要信息。信息在组织内各个环节的高效输送意味着这个组织运作的生生不息。在这层意义上，信息系统之于组织就如同呼吸系统之于有机体，它同财务系统、人力资源系统和物流系统一样，为组织的健康发展输送氧气。组织的信息系统主要由人与计算机设备等主体构成，需要依靠优秀的人员、合理的流程、快捷的信息、先进的技术等方面的通力合作，才可使组织达到高效率、有竞争力的运行状态。

其次，信息系统是一个规范系统。前文指出，组织可以看成规范系统，那么信息系统当然也是一个由规范组成的系统。规范系统决定了哪些信息是必要的。对于遵守这条规范的主体来说，有了这些信息，主体就可以遵照实施行为。针对组织中的不同主体,规范可分成三种形式:只存在于记忆中的规范、对应于一条规则的规范、可交与机器执行的规范。应该说,这种对社会规范的描述和分析更接近一个官僚系统的本质[81]。

最后,规范由组织成员所共享,并形成信息域[70]。因此,规范系统以信息域的形式组织并存在。在组织中信息并非从一处"流"到另外一处,而是遍布着"信息域",如图 3.5 所示。主体的行为受到信息域中的"势"的影响。这些势由规范产生,并引导主体的行为方式。信息域的存在使得组织成员的行为变得有序和可预测。在组织的演化过程中,由于组成域的每条规范都有开始和结束,有保持和变化,所以信息域亦有其生有灭,有发展有变化。

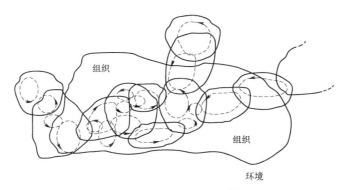

图 3.5　信息域概念图[70]

三、组织符号学对于信息系统的影响

(一)对信息系统研究的组织性与社会性方面的贡献

组织符号学为分析组织行为提供了一个新的研究范式,对于深刻理解组织中社会实践大有裨益。这主要体现为:组织符号学以主体为本,能够有效地审视和分析组织的行为;它从一开始就考虑到不同利益相关者的不同视角,具备同时分析组织内部和外部的视野;同时,它以规范为主要研究对象,充分包容信息系统社会性的特征,为信息系统研究的社会性转向提供了天然的联结纽带。组织符号学的这一价值,在信息系统学科和社会科学之间的关系不甚明朗的情况下,显得尤为可贵。

不仅如此,组织符号学思路开阔,视野宽广,它将信息系统的各个方面纳入考量范围，并提供了一个全局的视角。其中，既包括信息系统的技术问题，如物理层、经验层和语法层所反映的事项，也包括信息系统的组织性与社会性的一面，如语义层、语用层和社会层所致力解决的问题。组织符号学自身以联结二者为己任，致力于成为信息系统的技术性与组织性和社会性联系的桥梁。它最大的贡献也在于此。

组织符号学对信息系统的组织性和社会性的分析潜力和现有的方法，是促使本书选择问题明晰方法作为改进和发展对象的原因之一。

（二）信息系统工程方法的有效切入

组织符号学为信息系统工程提供了一系列的方法，主要包括：

- 问题明晰方法，原本是一个信息系统实施中的高层需求分析方法，旨在提供一组以业务、IT 和利益相关者为中心的组织需求说明，并进一步作为成本效益分析、项目管理和规划的基础[79]；
- 语义分析方法，是一个信息系统工程中的低层需求分析方法，旨在分析主体与赐予之间的本体依赖关系，建立组织的业务需求模型[77]；
- 规范分析方法，是一个信息系统工程中的需求分析方法，旨在分析和形式化主体的行为，建立组织的系统需求模型[77]。

组织符号学还有其他一些模型和方法，如符号解析关系、组织符号学框架等，也可在某些特定的环境下为分析问题提供分析意义上的启发、见解和支持。

（三）信息系统的理论基石之一

信息系统是一门正在发展中的学科。它的理论基础，除了公认的系统论、信息论、控制论和包括运筹学在内的部分管理理论之外，尚显得相对薄弱。整个信息系统学科离成为一门独立的科学仍有一段距离。作为信息的载体和表现形式，符号是人类认识事物的媒介。研究符号各种性质的符号学，揭示了符号所载信息的基本属性，也为信息学研究提供了一个崭新的思路。由符号学在组织中的应用而衍生的组织符号学，更是将注意力聚集于信息系统之上，研究组织中的信息现象与运动，具有简化表达复杂系统的能力[84]。从这个角度说，符号学有望成为信息系统学科的理论基石之一。

第三节 结构化理论

本书采用英国当代社会学家吉登斯（A.Giddens）的结构化理论作为分析组织现象的理论工具，从而揭示出组织运行的本质。如果说现实主义是本书的本体论基础的话，那么结构化理论可以看作是本书对于一个组织的认识论来源。我们希望佩戴这样一副认识方法的"有色眼镜"，能够站在一个足够高的角度和立场认识组织和社会现象。

在这一部分，首先介绍结构化理论的最鲜明特征，即社会系统的结构二重性。然后，利用这一特征对社会系统进行宏观描述。在结构化理论中，吉登斯识别了社会系统中的主要元素，进而分析社会系统的结构，并利用结构特性来解释社会系统的生产和再生产过程。最后，讨论结构化理论对于信息系统带来的理论贡献和启示。

一、社会系统的二重性

传统的社会学理论中，对于社会实在的本体论假设一直分为两大阵营：以涂尔干等为代表的客观论者主张重视客观的社会结构，采取宏观角度与决定论的立场，倾向于把结构当成对人类行动的一种限制[85]；而以韦伯等为代表的主观论者主张重视行动，采取微观角度与意志论的立场，强调行为者突破社会现状的创造能力[86]。因此，在两者之间形成了结构与行动之间的二元对立。为化解这种二元对立，吉登斯提出了社会构成的结构化理论，指出结构不仅有限制的作用，同时具有促进的作用，即"结构的二重性"[87]。

吉登斯在讨论社会的构成时，先引入了社会系统的几个关键概念，见表3.1。首先，社会系统由人类主体进行的跨越时空的再生产活动所构成。在这里，吉登斯开宗明义地指出社会系统的主要元素。其次，作为一个通用术语，结构指在社会系统生产和再生产中的规则和资源，它们在一定的时空范围下被不断地实例化，用于协调主体之间的活动。结构在组织的制度中反复出现，而后者恰恰是一种社会生活持久性的象征[88]。很关键的一点是，吉登斯强调指出结构要和社会系统的结构特性区分开来。后者是指结构在一定时空范围内制度化了的社会特征，具有一定的稳定性。最后，如果可以"俯看"社会系统，那么，看到的将是一个"在各种环境下，主体利用资源和规则所进行的有知识的交互活动"的景象。因此，社会系统的结构化是指在这种互动中社会系统的生产和再生产的模式。

表 3.1 结构二重性理论中的几个关键概念[87]

结构	系统	结构化
规则和资源，或者转换关系的集合，表现为社会系统的特性	主体之间的再生产关系，表现为常规社会实践	结构的连续或转换条件，从而为社会系统的再生产提供了可能

在这些概念的基础上，吉登斯接着指出，一个社会系统可从互动、模态和结构等三个层次来分析。人类行动与组织特性的互动，以三种模态为中介，表现为三种结构，即表意结构、支配结构与合法化结构，如图3.6所示。由此，吉登斯展开了社会结构的二重性的分析。

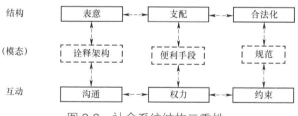

图 3.6 社会系统结构二重性

概括地说，"结构的二重性"就是指结构本身既是行动的媒介，又是行动的结果这种双重的特性。在社会系统中，人类主体的行动同时受到组织的结构所促动及限制，但结构本身又是先前人类行动的结果。结构特性是指人们在日常互动中所使用的规则及资源，这些规则及资源不仅会调节行动，同时也由主体的行动而被再次确认。因此，透过人类的持续行动，互动模式会逐渐成为标准的组织实践，而这些实践又会随着时间体制化，构成组织的结构特性。

需要特别注意的是，在结构化理论中，对于"结构"一词有着两种不同的用法：一种是表示社会系统结构化中的结构或结构特性，作为通用术语使用；另一种即为本书的用法，表示社会互动中所表现出来的结构，用来描述结构特性的三个方面，作为具体术语使用。此外，在吉登斯的原文中，"便利手段"（facility）（李康、李猛在 The Constitution of Society 中文翻译本中的译法）包含对物质的配置性资源与对人的权威性资源。由于该词并没有很适切的中文译法，加上包括吉登斯本人在内的许多学者有时皆以"资源"一词来概括，因此，在本书后续的讨论中，也将直接使用"资源"一词。

（一）结构

在结构化理论中，所有的人类互动都由表意结构、支配结构和合法化结构所组成。因此，可以使用这些维度来分析所有的互动。表意结构是关于编码的结构属性，社会系统中各种现象及意义由符号来完成，属于符号学的研究范畴。吉登斯特别指出的是，这里关于结构的理论要和结构主义的符号学分开，后者以索绪尔的符号学为典型代表。支配结构是关于资源分配和资源权威的结构属性，在社会系统中主要表现为政治机构和经济机构，它们共同支配着资源的分配与流动。合法化结构是关于规范化行动和管理的结构属性，在社会系统中主要表现为法律机构。三种结构属性互相联系，互相支持，如表意结构需要同支配结构和合法化结构连一起方可理解，同样支配结构需要表意结构和合法化结构的支持与辅助才得以体现[88]。

在这里，与其说是结构本身，不如说吉登斯更想表达的是"无形"的结构在社会系统中所表现出来的三方面的属性。在之前大多数社会研究者的眼中，"结构"通常代表社会关系或社会现象中某种经常出现并且一致的"模式"，将结构视为独立于人类行动之外的某种东西，对人类主体的自由创造能力产生某种制约。但吉登斯认为，结构是指能使社会系统中的时空联结在一起的结构化特性，经由这些特性，使得社会能跨越时空保有相当类似的实践，并赋予它们系统化的形式。也就是说，经由人类行动被"再生产"出来的社会系统并不真的有什么"结构"，只不过体现着某些"结构特性"，并且在活动中导引行动者的行为。至于在整体时空中延伸程度最高的那些实践，则被吉登斯称为"制度"[87]。

（二）模态

在结构化理论中，吉登斯用模态来阐明社会互动中结构二重性的主要特征，并由此将主体的行动与组织的结构特性联系起来。一个社会系统中包含三种"模态",即诠释架构、便利手段和规范,如图3.6所示。其中,诠释架构对应意义结构,表示意义的解释机制;便利手段对应支配结构,涉及资源的分配与协调;而规范则与合法性结构相呼应,表示规则的组成。这就是说,模态可作为主体与社会系统互动时赖以使用的知识与资源。另一方面,当排除主体的策略性行动时,模态象征着资源与规则,体现出社会系统中主体行动的结构特性[89,90]。因此,借助模态的概念,宏观层次的社会系统结构特性与微观层次的个人行动得以联结在一起。

吉登斯强调指出,模态是可用来阐释结构二重性的主要维度,关系到主体对于结构特征的知识能力。主体在社会系统的再生产中利用这些模态,并借助同样的模态反复构成社会系统的结构特性[88]。这正是结构化理论的精彩之处。

(三)互动行为

吉登斯定义结构是行动的媒介与后果时,行动同时是结构的媒介与后果,二者之间形成递归关系[87]。

互动行为是社会系统的主要元素,可分为三类,即意义的交流、权力的使用和约束。意义的交流是互动行为中的通用元素,主体通过交流不断地把遇到的社会生活特征加到意义结构中去。权力的使用表示对于资源的控制。约束则是行为的准则,在权利与义务中处于核心地位,它表示权利与义务上的某种对称。吉登斯指出,意义的交流、约束与权力互动行为分离只有分析上的意义。例如语言的使用,由于它的公共属性,这一行为本身就有约束在其中。因此在互动中,主体与行为的识别必然会反映出意义、约束和权力的交织。

吉登斯认为,主体和社会系统结构的关系表现为相辅相成的二重性。社会系统的结构总是限制或促进着主体的社会行动,同时是主体的社会实践的中介和结果。对于结构来说,一方面,结构并非外化于主体,而是主体头脑中的记忆痕迹在社会实践中的实例化;另一方面,社会系统的这种结构特性又超出了任何一个主体的控制范围,能够在一定的时空范围内延伸。对于主体来说,一方面主体的行动受着结构的限制或促进;另一方面,这种结构的存在却并不妨碍主体根据他们自己的认识和理解来从事社会构建与重构建的实践。因此,社会系统并不是主体和结构单独的产物,而是双方共同作用的结果。社会结构既不独立于主体,主体也不独立于社会结构。人类主体依赖社会结构而维持他们的行动,同时这些行动反过来又促成了社会结构的生产与再生产。

吉登斯曾指出,规则和资源仅在主体的头脑中构成结构,后者并无物理上的存在,仅是通过人们的行为体现出来。从这种说法来看,结构化理论不是作为主观主义流派和客观主义流派的中介,它采取的是主观主义的立场。此外,结构化理论与现实主义也并无冲突之处。因此,本书可将之作为理论基础之一。下面我们将进一步说明吉登斯如何通过模态的概念来联结社会系统的结构与主体的行动,并说明结构特性在社会互动中如何发生转变,最终实现社会系统的演化。

二、结构化理论观点下的社会系统

下面将从结构化理论的角度恢复一个社会系统的运行概貌。首先从社会系统内的元素开始,讨论社会实践过程中所表现出来的结构特征,它们是社会系统运行的秩序所在。结合社会系统的元素和结果,最后试图还原社会系统的生产和再生产过程。

(一) 社会系统的元素

吉登斯多次提到,一个社会系统是由有知识性主体的行动组成的系统。主体和行动是社会系统的基本元素。正是这些主体的交互行动才形成了生生不息的社会万象。这也与结构化理论的主观主义立场相一致。

值得一提的是,吉登斯强调具有知识的主体。这些知识,包括主体本身的、其他主体的和社会传统所留下的,足以指导主体在社会生活环境中继续前行。在正常情况下,主体不仅了解社会如何运作,而且还知道自己的行动对于社会实践会产生何种影响。吉登斯对此曾有这样的描述:所有的社会成员都具有丰富的实践知识,以至于每个主体本身都是一个"社会学家"[87]。进而言之,主体所拥有的这些知识本身就是社会实践活动中不可分割的部分。结构化理论一直强调,社会活动的生产同时是社会活动的再生产;对于这一过程,主体恰是携带着知识来完成的。

（二）社会系统的结构

在一个社会系统中，有知识的主体的行动在这个社会系统的结构框架下完成。这个结构框架实际上就是前文讨论的模态，包括资源、规范和诠释架构。下面将逐一讨论这三个方面。

在结构化理论中，资源主要包括对人的权威与对物的配置两种资源。所谓"权威性资源"是指对人类自身的活动行使支配的手段，"配置性资源"指对物质工具的支配，包括物质产品以及在其生产过程中可予以利用的自然力[87]。由于资源在任何一个社会系统中都具有不对称性，主体在社会互动中产生的相对于资源的自主与依附关系反映了这个社会系统中的权力关系，现有的支配结构也通过资源的使用而被重复肯定。当这种资源不对称性被挑战时，权力关系就可能会打破平衡，现有的支配结构也会进而发生改变。从这个角度说，资源是一种通过在社会互动中的使用而被重新建构的结构性元素。从主体的角度来看，资源是权力发挥作用的主要媒介。后者是主体转换社会及物质世界的行动能力，即主体所具有的"转换能力"[88]。这种转换能力的大小以主体所能动员的资源为前提。主体能够调度的资源越多，其行动能力就越强；反之，其行动能力越弱。这就是说，资源赋予主体行动的能力，同时对主体的行动具有制约作用。这是结构二重性在资源层面的体现[91]。

规范是组织主宰合法性行为的规则或惯例。吉登斯批判地继承了 Searle 的思想[92]，认为社会互动中的规范同时具有构成性与管制性两种特性[87]。前者是指规范对于意义的构成作用，是某一活动得以成立或进行的条件；后者是指规范对于社会行动的约束作用，是对社会行动的某种约束性因素。在社会互动中，规范陈述并维持现有的合法性结构，通过传统及实践的社会化而强化现有的规范秩序，塑造社会系统内的约束关系[88]。从这个角度说，规范是另外一种通过在社会互动中的使用而重新建构的结构性元素。从主体的角度来看，规范是约束关系发挥作用的主要媒介。一方面，主体的社会互动受到规范的引导和约束，体现约束的权利与义务关系；另一方面，当行动者根据规范实施约束的时候，同时也在塑造着社会系统中的制度。这是结构二重性在规范层面的体现。

诠释架构是主体间沟通所依赖的意义结构和规则框架。人类互动中有意义的沟通必须通过诠释架构才能进行。诠释架构促成主体间共享的意义，调节主体沟通的进行，同时维持表意结构并使之得以发挥功能。在社会互动中，主体共享的知识不仅仅是沟通的背景，也是社会互动的一部分，这一点已在前文有所论述。从主体的角度来看，诠释架构是主体间互动沟通的媒介。诠释架构一方面组织了沟通的行为，另一方面也被主体的互动本身所塑造[88]。这是结构二重性在诠释架构层面的体现。

吉登斯特别强调，将这三种模态的运作独立出来，只具有分析上的意义。事实上，在社会互动中，这三种结构是同时发生且交互影响的。诠释架构是人们在诠释行为与事件时所使用的统一共享的知识库存，以达成有意义的沟通。资源（便利手段）是实现意图，达成目标及行使权力的手段。规范则是主宰制裁或适当行动的准则，用来界定在特定环境中互动的合法性。这三种模态决定了社会系统中的制度特性如何调节主体的行动，以及主体的行动如何构成社会的结构。由于这些模态同时在结构与行动的领域发生作用，因此达成了主观与客观因素间的互动[88]。

这里需要特别指出的是，吉登斯在论述社会系统结构特性时，指出社会系统的结构包括资源和规范，并着重讨论了这两种结构在社会系统中的作用。吉登斯并未着力讨论诠释架构这种模态，却将之归入符号学的范畴。这是由于他主要探讨在结构与行动的关系，以及变化和变革中的社会系统运行机制。这种策略本身无可厚非，但是这种倾向对于信息系统工程人员来说则值得注意。由于诠释架构是主体的知识结构和知识体系，所以我们主张在理论层面保留诠释架构的意义，并在适当的时候加以专门讨论。在后文中，我们仍将采用吉登斯的概念体系，将资源和规范作为结构的两种主要形式。

（三）社会系统的生产与再生产过程

如前所述，结构的二重性是社会跨时空再生产的基本特征。结构性是社会系统的一项显著特性，同时具有促进和限制的特征。主体的社会活动总要落在这个结构的框架内。在这个结构的框架内，主体的活动本身同时是在创造着使得这些活动再次成为可能的条件，以期重现之前的社会活动。换言之，在主体活动的同一时刻，主体也正在再生产社会系统的结构特性。因此，社会系统的生产与再生产的过程就是社会结构通过活动的生产与再生产过程。

但是,"变化是社会生活中所有环境的本质",结构特征的再生产本质上就是不确定的。这是由于:各种惯例会在传承的过程中发生微妙的修改,而这种改变可能既非计划性的,也非意料之中的;每个主体都具有不可化约的权力和知识,有能力诠释他的处境,主体并不一定会遵从现有秩序,他们可能根据处境做出调整,并改变自己的处境;同时,由于主体必须应付情境上的偶发事件,即使他们每次的行动环境都是相同的,还可能会产生重复行动的非预期结果,也对环境造成预期或非预期的改变。因此,结构特性可能会被生产、再生产,或是转变。当这种反应重复发生时,就可能会形成新的结构特性[88]。

不管怎么样,社会系统的结构特性如同"紧箍咒"一样,紧随社会系统的发展与演化。吉登斯曾经十分喜爱并引用过马克思的一段名言:"人们自己创造自己的历史,但他们却不是随心所欲地创造历史,他们并不是在由他们自己选择的条件下创造历史,而是在他们直接遇到的、既定的、由前代人传承给他们的条件下创造历史。"[93]或许,从这样一段话中,可以看出社会系统所蕴含的内在力量。

三、结构化理论对于信息系统的理论贡献

虽然吉登斯在书中没有提到直接信息系统,甚至对于技术对于社会系统的作用都讨论甚少,但是结构化理论对于信息系统学科仍然具有显著的指导意义[94,95]。Orlikowski 很早就指出信息系统具有二重性,这主要表现在:一方面,信息系统是在特定结构及文化下,由人类主观行动所产生的社会性产物;另一方面,它也是一组客观的规则与资源的集合,用来促进或限制人类的行动,促成这些结构的创造、重新创造及转换[96]。从这个意义上讲,信息系统同时是组织行动的前提与结果。

类似地,信息系统实施本身也具有二重性。一方面,系统实施会受到组织当下的结构特性所影响;另一方面,信息系统实施活动也会重现或影响组织未来的结构特性。信息系统实施是社会性课题之一,不是如何将系统由实施人员"传授"给使用者,而是如何在社会互动形成共同的诠释架构。这就是说,信息系统在使用

者的行动中被"重新创造",在这个过程中所发展出来的学习经验与行动惯例,则会在组织的权力、意义及规范结构中逐渐地具体化,而成为新的结构特性。

信息系统实施会引起组织变革,这一现象本身也同样具有规范与意义两种特性。组织变革既界定了组织对于信息系统的诠释,也代表着组织对于使用信息系统的肯定与规范。随着组织对信息系统相关的资源投入,组织相关单位的地位也会受到影响。

信息系统本身的开放性与复杂性等结构特性会影响使用者的使用方式和企业流程。当组织在某些业务活动中学习到一些有效的做法之后,它可能会试图将这些做法建立为组织的标准作业程序体现在信息系统中。这样一来,新进入的组织成员或是组织在其他地方的分公司也都会一致地表现出这些新的做法,使得组织能跨越时空地维持组织成员类似的行为表现。

信息系统实施还涉及个人行为与组织特性等不同层次,并因为个人与组织之间的互动而更为复杂。使用者对信息系统的素养、教育程度以及使用与学习信息系统的能力等会影响信息系统的使用情况,有时在组织权力的高度行使之下,该系统的使用度与使用绩效仍然很高,但有些组织即使是在组织高层的强力支持之下其系统实施仍以失败告终。

第四节 组织符号学理论的结构化扩展与探讨

从前面的讨论中可以看出,组织符号学和结构化理论在各自所在的领域做出了突出的贡献,也都对信息系统产生了深远的影响。但是,经过比较不难发现,组织符号学过分强调激进的主观主义,过分关注主体,却忽略了社会系统的整体结构;结构化理论在承认主观性的前提下,着重发展社会系统的结构特征,但对于主体并未做过多论述。二者呈现互补特征,尤其是结构化理论中的知识性主体和社会结构的洞察,对于组织符号学是一个有益补充。因此,本章站在组织符号学的基本观点上,采用结构化理论将其向上延伸和扩展,构建一套观察和解释社会系统的新视角。

本节将尝试诠释组织在信息系统实施中所展现出来的内在结构和运行机制，为本书即将提出的方法提供理论支撑。这个观点的主要部分融合了本章前文所讨论的理论精髓，从社会系统的宏观角度重新看待组织的构成、发展与演变，再现企业信息系统实施中的组织作为社会系统的生产与再生产过程，为审视组织的变革与发展带来一个新的视角。本书的理论贡献图如图 3.7 所示。

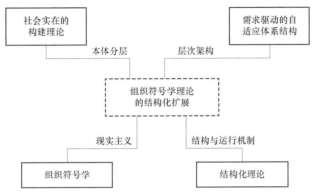

图 3.7　组织符号学的结构化扩展理论贡献图

一、社会系统的总体观

本书采纳现实主义的基本观点，认为世界由主体与赐予构成，各赐予之间存在着本体依赖关系。互相联系、相互依赖的主体与赐予结成一张网格，表示一段社会实在的存在关系。

根据 John Searle 的社会实在构建理论，当赐予的数量达到一定程度时，本体呈现出典型的层次特征，即各级赐予逐层递次构建而成日常生活中的社会实在[92]。下层本体的状态条件的满足意味着上层本体的实现，可以代表和完成更为高级的功能。每一层的本体元素均是主体与赐予。

本书将组织视为一个社会系统，采用一套整体–分层的视角来透视组织——首先整体地看待组织，然后将其分为不同的层次，再逐层地分析组织的社会构成。借用甘仞初等的信息系统架构层次的思想（如图 3.8 所示），本书将组织划分为企业层、领域服务层、业务流程层和功能层等不同的级别，每一级别均完成特定的功能，可单独看待[97-99]。由于组织的分形特征与自相似性，每一级别由同样类型的元素组成同样的结构，并遵循同样的运行机制，这些将在下文逐一讨论。

图 3.8　需求驱动的自适应信息系统体系结构

二、主体与行为作为元素

以组织符号学为本体论指导思想，问题明晰方法采用主观主义哲学姿态，认为世界是由主体构成。主体生活在环境之中，不可避免地要同环境以及环境中的其他主体发生交互。在这个交互的过程中，主体不断地感受环境，并逐渐在主体的头脑中形成了它所能够认知的世界。

主体与外界的交互行为称为"能动行为"。主体及其能动行为构成了组织符号学的世界观。根据社会心理学的分类法，主体对于世界的交互行为可分为感知、认知、评估和行为四类[100]，加之主体之间的交互行为——共同决议，一共有五个大类别行为，如图 3.9 所示。

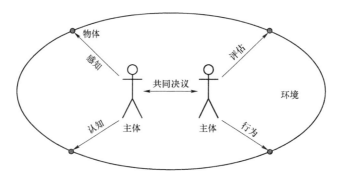

图 3.9　主体对于世界交互行为的五大类别

五大类别行为的具体内涵如下：

- 感知是主体对于环境的感知的能动行为。感知的内容包括这个世界的组成元素有哪些、这个世界如何构成等。它构成了主体的世界观（本体论），是主体认识世界的基础。
- 认知是指主体对于这个世界的了解和主体对于世界的运行规律的认识。这些认识存在于主体的头脑中，并将其映射到这个世界的实在。如科学知识和定律等就是人们在长期的实践积累中总结出来的世界的运行规律。它构成了主体的认识论。
- 评估是主体对于环境的判断，包括危险与否、利与弊、善与恶等。主体根据自己对于环境中能动行为集的评价，进而决定采取什么样的行动。它构成主体的价值观。
- 行为是主体如何在环境中行动，如何实施自己的能动能力来改变环境，以达到其目的。尤其在社会环境中，主体的行动受到各种条件和约束的限制，所以主体的行为并不具有随意性和绝对的主观性。
- 共同决议是主体之间的交互行为，包括主体之间如何协商协调矛盾以期达到一致。

本书认为，组织归根结底是人与行为的集合。人是组织中最为重要和活跃的因素。一方面，他们在组织中占据一定的角色，并承担相应的责任；另一方面，他们的知识性和自主性是任何系统所无法比拟的，他们知道自己在做什么以及为什么这样做，并为此承担后果。行为是一切组织中最本质的现象。在组织中，感知、认知、评估、行为和共同决议这五类交互行为构成了组织的一切现象。有组织的、井然有序的行为存在是对于组织的一种褒奖和实现目标的保障。

三、资源与规范作为结构

本书采用结构化理论作为认识论。在一个社会系统中，知识性主体的行为在结构框架下完成。这个框架即社会系统的结构，包括资源和规范。其中，资源主要包含对物的配置与对人的权威两种资源，即物质资源的配置和人力资源的配备。社会活动需要借助资源的杠杆才得以进行，同时需要相应人员的责任和权力结构来支持。

在从事社会和组织活动的过程中，人们需要遵从一定的规范。同样根据社会心理学对人类行为的分类，人们身边充斥着四类规范：第一种是感知规范，它涉及意义的交流与共享。它是人类在符号活动中对于符号的解释而形成的诠释框架。感知规范往往经过长期形成，并以一种不易察觉的方式缓慢地改变着。第二种是认知规范，它涉及人们的知识性。它是人们对于生产领域乃至整个世界的认知体系。如同感知规范一样，认知规范通过生产和实践的积累逐渐增加或者修正；第三种是评估规范，它是人们对于事物的评估，主要由组织文化和社会文化所决定；第四种是行为规范，它是人们的行事准则，人们依照组织的行为规范工作和交流。

本书将组织看作一个社会系统，从纷繁复杂的组织表象中抽象出若干元素来描述组织的结构化特征。值得注意的是，由于在组织中"结构（structure）"一词已经有其他含义，并且这里所讲的结构是社会系统意义上的结构，对于组织来说它是一种更为广义的结构，因此本书采用"基础结构（infrastructure）"的说法来更为准确地表达这一层含义。结合前文的讨论，组织的基础结构体现为物质资源、人员配备、行为规范、评估规范、感知规范和认知规范，如图 3.10 所示。正是这样的基础结构，保证了组织得以按照一定的运行机制持续发展下去。

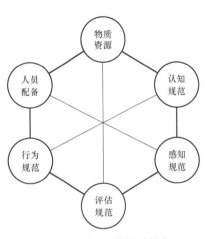

图 3.10　组织的基础结构

四、社会系统的生产与再生产作为运行机制

本节前文的讨论有似拿着一面放大镜，仔细检查组织的本体构成与分层体系，如何看待组织中的人与行动，以及资源与规范作为一种结构性的隐性存在。

如果说这些仍属于静态的元素性和结构性特征，组织的动态运行无疑需要一种机制来保障，人们需要知晓其背后隐藏的规律。幸运的是，吉登斯已经指出了社会系统的这种规律。

类似于生物系统，人类的社会系统内似乎同样存在着一种自组织自适应机制，推动着组织不断地向前发展与演化。在这个过程中，社会系统发展的动力是主体与行动，演化的中介是资源与规范，演化的结果是社会系统的生产与再生产。社会系统的生产依赖于它的现有结构，集中体现在资源与规范上。在生产的过程中，社会系统对现有结构进行改变，形成新的结构，在新的社会系统结构下完成再生产。

第五节 小　　结

社会系统的运行是有其规律的，这种规律性同样适用于一个组织。一切社会学及组织学方法都旨在于发现规律，并倡导遵循规律办事。本书方法的一个总体思路是利用结构化的思想来描述组织的基础结构。这与揭示组织背后规律性的想法不谋而合。

本章所讨论的理论告诉我们，一个组织的发展水平受到资源和规范等基础结构的制约。当资源有限时，组织无法大步向前发展；当现有规范落后时，组织的发展同样会受到羁绊。因此，企业应当将信息系统作为一个新的生产工具，以企业信息系统的引入为契机，不断完善基础结构建设，提升企业自身水平，促进组织向前发展。这是企业信息系统实施的真正要旨所在。也只有这样，企业才会为以后的各种机会做好准备。

在讨论本体论和认识论之后，下章将转向方法论，即用一个什么样的方法来分析企业信息系统的就绪性问题。

第四章
企业信息系统实施就绪性分析

问题明晰方法是 Stamper 和 Kolkman 等人于 1993 年提出的一套用来分析信息系统高层需求的方法论。它的初衷在于克服软系统方法论在信息系统领域中应用的先天性不足。作为测量中的一个方法,在 20 世纪 90 年代初期尚且没有成型的信息系统建设方法的时候,它的出现曾让人眼前一亮[79]。近些年来,经过 Liu 等人的不断改进和完善,这个方法有了进一步发展,在解决企业信息系统的基础结构方面有着独到的见解[53, 101]。

问题明晰方法用于系统实施之初,旨在从混乱庞杂的问题中理出头绪,测定企业对于新信息系统的准备就绪程度。一般认为,对于一个复杂事物,有了结构才有认识。问题明晰方法的总体思路即是通过为纷繁复杂的社会系统划分结构,从而实现对问题实质的全局把握和整体认识。它以组织符号学理论和社会学中的结构化理论作为理论基础,采用一系列的技术逐步逼近问题的本质,进而抽取出组织的基础结构特征。在方法设计上,它吸收了软系统方法论的精髓:一方面采用结构化等典型的系统思想和方法来分析问题,另一方面纳入考虑组织的人文与社会属性,从一个超出技术的视角来审视和描述问题,以期取得满意的效果。

本章的组织方式如下:第一节将简要地回顾问题明晰方法,包括它取得的成就、局限性、改进的必要性以及设计原则等。为使行文紧凑,本章将先在第二节讨论问题明晰方法及其如何改进和扩展,使其适用于企业信息系统实施就绪性分析;然后,第三节再单独给出企业信息系统实施就绪性模型及其计算方法。第四节再次回到问题明晰方法,讨论它的不同应用场景和模式,并检验改进后的方法是否遵循原有的设计原则。第五节对本章内容做一简单小结。

第一节　问题明晰方法概述

一、问题明晰方法总览

经过若干年的发展，问题明晰方法在解决信息系统实施问题中崭露头角，取得了一些成就。本节将扼要介绍问题明晰方法的总体目标、指导思想、设计原则、主要技术和成功的应用案例。

（一）总体目标

问题明晰方法的总体目标在于识别和分析组织的基础结构情况，为企业信息系统实施做先行准备。它将信息系统的引入视为一次契机，利用背后蕴藏的管理思想和业务方式集成信息系统、业务流程和组织文化，促进组织的变革与演化，试图揭示系统实施问题的社会学本质。

（二）指导思想

问题明晰方法的指导思想是对于具有社会性和组织性的复杂问题的系统性思考。面对组织这样一个社会系统，问题明晰方法继承软系统方法论的特征和原则，利用系统化与结构化的方法分析组织的基础结构。

（三）设计原则

问题明晰方法在提出之初曾定下四条主要设计原则，它们分别是[48]：

1）灵活性：方法不应设定固定的使用套路，允许用户自行决定技术的使用顺序和分析的详尽细程度。

2）循环使用性：方法应该允许用户重复使用某一技术，以完成对问题进行不同层次细节的分析。

3）向导性：方法在设计上应为用户提供一个导向，引导用户的分析过程。

4）易学易用性：方法应该使用户能够在短时间内掌握，方便操作和使用。尽量使用图形化技术，把方法所需要的语法要求降到最低。

（四）主要技术

问题明晰方法由六项主要技术构成，它们分别是[48]：

1）单元系统定义：定义单元系统，用于划定问题的结构和边界。

2）利益相关者识别：分析单元系统的利益相关者及其角色和责任。

3）价值评估：分析单元系统的利益相关者对信息系统的价值取向。

4）支撑系统分析：分析环绕在单元系统周围的辅助系统，结构化分析问题与目标系统。

尽管上述四种技术尚有需要改进之处，但它们相对稳定，发展方向明确。此外，还有一些技术仍在问题明晰方法的框架内，但尚不成熟，有待进一步发展和完善。它们是：

5）系统构成：描述企业内的活动架构，它将单元系统划分为物质、通信和控制三个子系统，其中，物质子系统又可继续划分非正式、正式和技术子系统，提供企业信息架构。

6）冲突管理：分析利益相关者之间的协商过程，为协商双方提供取得互惠共赢的解决方案的指导原则。

（五）应用案例

问题明晰方法已经成功地应用于多个项目与案例，包括荷兰一个咨询机构的知识库项目、巴西一家电子政务网站的需求分析项目、欧洲气象卫星组织的红外大气声波干涉探测器项目和英国警察信息技术组织采购系统等[82]。

二、问题明晰方法的局限性

尽管问题明晰方法取得了一定的认可，但方法本身在应用的过程中尚有不够得心应手之处，如方法之间的衔接不够顺畅、一些技术本身也存在一些不足等。以下将详细讨论这些问题。

（一）单项技术尚待完善

- 单元系统是一项在概念上相对成熟的技术，但在实施层面缺乏具体的操作方法，如众多单元系统的划分、分层原则、组织管理等。

- 利益相关者识别相对完善，具备一整套的概念、技术、应用指导原则，但是它对于责任的分析尚不完善。
- 价值评估的指标体系具体含义不明确且不易理解；各指标之间地位平等，简单等权处理的办法有失偏颇。此外，它在评估过程中忽略了时间属性，无法及时动态地反映利益相关者对于信息系统的态度。
- 支撑系统分析只提供了一个框架，具体的分析内容和方法有待完善。
- 系统构成只有概念和框架，没有具体分析行为的方法。整套方法中缺乏组织行为的描述方法。
- 冲突管理尚且停留在概念阶段，尚不为多数人所知。

（二）各项技术之间衔接不畅

问题明晰方法的各项技术可独立地解决各自擅长的问题，但无法贯通形成合力。这就有如一串散开的珍珠，虽然颗颗明耀，但未能连成一串做到珠光可鉴、光彩照人。这主要表现在：

其一，各项技术的应用前后顺序不明。虽然方法在提出之初称这是一套方法论，可以按照实际需要以任意顺序组合应用各项技术，但在实际应用过程中，分析人员更希望能有一套指导原则。例如，除用于描述单元系统外，利益相关者识别的结果并未被其他的方法所利用；另外，单元系统分析与支撑系统分析的关系并不明朗，有时先做支撑系统分析，有时后做单元系统分析，给分析带来混淆。

其二，各项技术的输入输出不明。问题明晰方法在设计之初重视分析的过程，强调分析的过程就是对问题认识和了解的一个过程，因此对各项技术的输出不是很严谨，造成目前的各项技术之间松散的状态。但事实证明，这种松散已经给方法的应用带来严重的不便。一个典型的例子是，系统构成具有很高的思想性价值，但作为一项技术，其输入和输出皆不明确。

（三）缺乏规范分析

理论上，组织的基础结构分析中的一个重要组成部分是规范，但这部分内容至今一直处于空白状态。尽管 Kolkman 和 Stamper 等人在初创问题明晰方法时一再声称，"它将是一套基于规范的方法"，但是截至目前，问题明晰方法仍未引入规范、规范分析以及规范描述。

（四）理论框架有待明确

在理论上，问题明晰方法有着清晰的本体论，并按照此覆盖了企业信息系统实施中主体的大部分活动。但是，由于缺乏恰当的认识论指导，导致整个方法的理论架构不清晰。这表现为：各项技术间对整个分析的贡献不清楚，整体方法的输出也不甚明确。由于当前方法重过程而轻结果，虽然宣称对于所有行为的描述最终都将落于规范的描述上，但不得不承认，这种想法仍然停留在理论高度之上。

三、改进的必要性

尽管问题明晰方法存在着一些不足之处，经过分析论证，我们认为仍然有必要对其进行完善、改进和扩展，理由如下：

第一，问题的重要性。组织的就绪性分析是企业信息系统实施中的一项重要课题。在系统实施之前，一个组织的准备状态反映了它的基础结构完善程度和在接纳信息系统方面的成熟程度。就绪与否关系到系统实施的成败，涉及大量人力、财力和物力投入，对组织未来的战略发展有着深远的影响。

第二，方法的迫切性。信息系统实施就绪性分析缺乏一套行之有效的方法，迫切需要一个方法来分析企业的就绪程度。企业信息系统领域目前存在着一些零散方法，试图从不同的侧面来分析组织就绪性问题，如授权、业务流程、领导方式、组织文化的角度等。但是，当前缺乏一套具有全局观的方法来分析这个问题。

第三，整合现有方法的难度。如前文所述，人们需要的是一个理论基础扎实、贯穿统一和视角全面的整体解决办法，对分析组织的基础结构起到全局性的指导作用。一个显而易见的解决方案是整合现有的方法。但是，现有方法要么缺乏适当的理论支撑，要么这些方法背后的理论哲学观点各异，整合难度较大。

第四，问题明晰方法本身的价值性。虽然它在方法论层面尚待发展和完善，但是它的思想性价值很高，值得进一步地完善和发展。问题明晰方法有着明确的本体论，需要完善的是其认识论和方法论，这一点在现实中具有可行性。与此同时，与整合现有其他方法相比，完善和发展问题明晰方法相对可靠可控。故本书选择完善、改进和发展问题明晰方法来分析和解决当前的组织就绪性问题。

接下来的一节将讨论问题明晰方法的改进与扩展。

第二节　企业信息系统实施就绪性分析方法

一、问题明晰方法的总体架构

在前章讨论用社会学中的结构化理论对组织符号学扩展时，曾指出一个组织的基础结构包括物质资源、人力资源、行为规范、评估规范、感知规范和认知规范六类。由于感知规范和认识规范需要相当长的历史时期的积累而变化缓慢，对于企业信息系统实施就绪与否的影响并不直接，故本书对此二者不做讨论。所以，本书将从前四类基础结构，即物质资源、人力资源、（行为）规范和态度（即评估规范）的角度来分析企业信息系统实施的就绪性。

这里首先给出问题明晰方法的总体架构，然后顺此架构逐项讨论各项技术。方法的架构如图 4.1 所示。

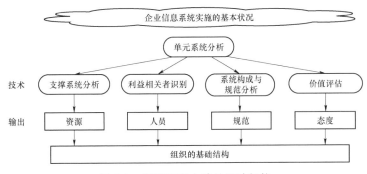

图 4.1　问题明晰方法的设计架构

上图可以概要地介绍如下：

● 单元系统分析划定系统实施问题的边界，明确问题的时空界限；在识别单元系统的策略上，利用组织业务的层次性，逐级向下分解子系统。

● 支撑系统分析检查信息系统存在和运行的必要前提，利用信息系统的生命周期作为指导，识别出相关的支持辅助系统。

- 利益相关者识别分析单元系统内的主体；角色揭示单元系统内主体间的结构，责任是对主体的描述，通过不断地寻找角色与责任，从而认清单元系统最主要的人员结构。
- 系统构成与规范分析主要分析组织中活动的结构性问题，通过两种分类法达到认知的目的，并利用规范描述单元系统内的各种行为。
- 价值评估检查利益相关者们对于信息系统的接受度，从文化方面为单元系统把脉诊断。

对于每一项技术和基础结构，其分析步骤为：首先识别出当前的基础结构状况，然后根据信息系统实施的需要分析出目标状态的基础结构特征；接着诊断企业信息系统实施中可能存在的问题，检查与对比，找出差距，生成问题诊断报告和就绪度报告；最后给出改善组织的建议。应用每一项技术分析的步骤如图 4.2 所示。

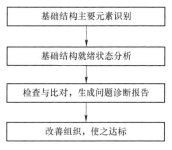

图 4.2 企业信息系统实施就绪性分析的四个步骤

下文将详细介绍每项技术的具体内容。

二、单元系统分析

（一）单元系统的概念

单元系统是问题明晰方法中的一个基本概念。问题明晰方法提出之初，Kolkman 曾把单元系统定义为一个行动过程，这种说法更贴近于其背后所蕴藏的哲学本质[48,102]。Liu 等人认为，一系列单个行动组成的有目标的复合行动又称为活动，而单元系统是在企业信息系统实施中以系统实施为中心的主体与活动的集合[77]。综合上述两种定义，本书认为，一个单元系统是由若干主体和行动组成的具有稳定结构和特定功能的统一整体。一个单元系统具有以下特点：

首先，单元系统是一个系统，是由相互联系的各元素组成的具有稳定结构和特定功能的整体。结构性和功能性是系统的两个显著特征。在企业信息系统实施中，单元系统的主要元素是具有知识的主体和主体的活动。这些元素按照一定的结构相互联结以实现此单元系统的功能。这些元素个体都无法单独地完成整体的功能，只有以特定的方式协同工作，才可能产生预期的效果。从这个角度来说，结构性决定功能性。结构特性是认识单元系统所必须了解的一个重要特征，本书后面的章节中将继续讨论这一问题。

其次，单元系统是一个社会系统。单元系统所包含的内容远超出了一个技术系统的范畴，涉及人、组织和社会的方面，包括主体的态度、组织的资源分配与人员安置以及社会规范等。这些方面的存在意味着单纯从一个技术的视角或者"硬系统"的方法不足以给出令人满意的答案；只有采用一套兼顾人类学或心理学、组织学和社会学的思想和观点或者"软系统"方法论的方法，才有可能真实反映问题的真相，解决企业信息系统实施中的问题。

再次，单元系统通过消耗一定的资源使相关的活动得以实施，完成特定的功能和实现相应的目标。

最后，一个单元系统具有起始时间、终止时间、起始责任者、终止责任者，是一个单元系统的存在属性。

在问题明晰方法中，即将引进并实施的企业信息系统是分析活动的核心，在单元系统内所有讨论的活动都是围绕信息系统而进行的相关活动。对于和新信息系统不相关的活动不在分析的范围之内。因此，单元系统是研究分析企业信息系统实施的着眼点。它为分析系统实施提供一块基石，问题明晰方法中的一切技术都在此基础之上建立。它的作用类似于一面放大镜，当我们需要仔细审视整个系统的某处局部时，我们就利用单元系统来定义之，界定其范围，然后采用其他技术仔细观察分析之。

（二）单元系统分析技术

问题明晰方法对企业信息系统实施的分析始于单元系统。问题明晰方法把整个系统实施过程看作一个总问题，通过把这个总问题一步步分解成便于解决的小问题，以达到把这个问题描述清楚的目的。这个借助用来分解问题的手段就是单元系统。

在企业信息系统实施中，最大的单元系统就是系统实施本身，即确保所实施的企业信息系统的顺利运行。这个顶层单元系统需要继续分解以便简化问题。由于组织的业务呈现出一定的层次脉络和规律，可以按照一定的层次架构来辅助单元系统的纵向分解。本书参照"需求驱动的自适应信息系统体系结构"中的模式分层来为单元系统划分层次，即企业层、领域服务层、业务流程层、功能层、数据层[97, 98, 103]，如图 4.3 所示。

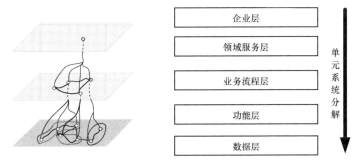

图 4.3 单元系统的不同层次示意图

其中，企业层是站在整个组织的高度来看，这一层的单元系统提供企业级的服务，直接面向企业外部的供应商和消费者，如"买"与"卖"等。领域服务层是站在业务领域的高度来看，这一层的单元系统提供领域级的服务，面向企业内的其他领域和部门，如生产、销售、售后服务、财务等。业务流程层是站在部门级的高度来看，这一层的单元系统可能是一个业务流程，如研发流程、物流配送流程等，几个不同的流程组成了一个更为高级的领域服务。功能层是站在个人操作者的角度来看，这一层的单元系统可能是一个业务功能，如下达订单、开具发票等，同理，一系列的业务活动构成了一条业务流程。数据层是从数据的角度来看，指满足一个功能的数据要求，如订单的款项要求、发票的具体信息等。

在这个层次体系中，每一层都是一个级别的视野，在此层次上需要关注本层的资源、人员与活动等内容，为后续的分析奠定基础。需要注意的是，这五个层次的分法并不是绝对的和严格的分层结构，只是一个相对的和一般意义上的指导原则，旨在为分析企业内的不同层次的单元系统提供便利。

在横向上，每一层的单元系统还可以继续分解子系统。由于各单元系统的性质和目标等各不相同，因此横向分解并无定法。在具体应用过程中，分析人员需要具体问题具体分析,采取灵活有效的方法来横向分解一个单元系统。以往的经验表明,一个单元系统可以按照生命周期、消耗的资源和系统的组件功能等条件来划分子系统。

(三) 分析结果

作为一项技术,单元系统分析的输入是一个边界模糊的问题域,仅包含想要实施一项信息系统的意图,并无更多信息。单元系统分析输出的是一套分析问题的结构和便于分析的小业务单元,为整体问题分析降低复杂性(见图4.4)。

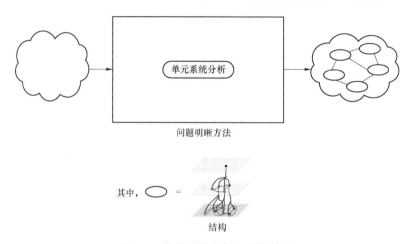

图 4.4 单元系统分析之后的效果

单元系统分析是问题明晰方法中的首个技术。它是整个分析的开始,也是后续各项技术的起承转合之处。从方法的角度来说,在界定出单元系统之后,接下来可以进行单元系统内部的元素分析,如支撑系统分析和利益相关者识别等。本书将先讨论支撑系统分析技术。

三、支撑系统分析

(一) 支撑系统的概念

支撑系统是指运行在一个核心系统周围,为其顺利运行提供必要支持的辅助系统。支撑系统反映一个组织的基础结构状况,代表信息系统实施对于组织的基本要求。当这些设施中的任意一项缺失或者不完备时,整个信息系统都无法顺利工作。在问题明晰方法中，对一个单元系统"环顾四周"的所见所得即为支撑系统，它反映的是企业信息系统技术上实施所需要的全部内容。因此，它的目的在于分析组织在技术平台方面的准备就绪程度。

（二）支撑系统分析技术

支撑系统分析技术主要识别出围绕在单元系统周围的所有支撑系统。这项技术的核心思想是一个以单元系统为中心，以信息系统的生命周期为向导，分析支持和保障单元系统顺利运行所需要的辅助活动和系统。

支撑系统分析的对象是一个企业信息系统实施过程中的各级单元系统，并在支撑结构中将它们称为核心系统。它一般指代处在顺利运行状态时的单元系统。对于最高层的单元系统，其核心系统一般指代实施企业信息系统的顺利运行，也就是企业信息系统的"live"状态。一个支撑结构由若干支撑系统按单元系统的生命周期顺序排列组合而成[49, 104]。支撑结构如图 4.5 所示。

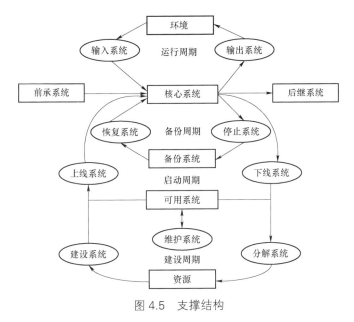

图 4.5　支撑结构

核心系统处于整个支撑结构的中心位置。核心系统在生命周期的不同时刻有着不同的状态，将其中几处关键节点的单元系统称之为"目标系统"，在图 4.5 中用方框表示。箭头表示单元系统状态的转移。为目标系统从一个状态转移到另外一个状态提供服务的系统,称作"服务系统",在图4.5中用椭圆框表示。目标系统检查企业是否具备了所需要的各里程碑式的关键节点,服务系统则关心是否具备完成由目标系统向核心系统转化服务的能力。

在单元系统的生命周期中,支撑结构识别出五个不同的周期,它们分别是:(1)建设周期;(2)启动周期;(3)运行周期;(4)备份周期;(5)历史周期等。这些周期覆盖了一个单元系统生命周期的各个阶段,可囊括这个单元系统所需要涉及的所有活动。下面以这些周期为线索,分别介绍这些周期及位于其中的支撑系统。

1)建设周期是指单元系统在资源系统和可用系统之间的转化过程,其中包括两个目标系统和三个服务系统,分别是可用系统和资源系统,以及建设系统、解体系统和维护系统。

● 可用系统是与核心系统对应的一个状态系统,指一个单元系统尚未投入运行,但各项准备条件已经就绪的状态。在最高层的单元系统中,可用系统一般指这个信息系统已经购置完毕,但尚未实施使用;或者已经下线不再使用的状态。

● 资源系统是与可用系统对应的一个系统,指可用系统在建设过程中所需要的各种资源,包括财力、物力、信息等资源。在最高层的单元系统中,建成一个企业信息系统需要的所有资源构成资源系统,包括软硬件等资源、需求等信息资源、建成信息系统所需要的资金等。值得注意的是,这里所讨论的"建成"可能是到 ERP 市场上购买一项新系统,或者是定制一项企业信息系统,也可能是内部开发一套信息系统。

● 建设系统是由资源系统到可用系统的过程转化的服务系统。在单元系统的最高层,一个企业信息系统的建设系统一般包括建设活动,如市场调研、系统选型、内部评估、实施购买等。

● 解体系统是由可用系统向(可回收)资源转化的服务系统。在单元系统的最高层,一个企业信息系统的解体系统一般包括系统下架、数据存档、软硬件回收处理等。

● 维护系统是指从待维护的可用系统向运行良好的可用系统转化的一个服务系统。在单元系统的最高层,它包括系统升级或者更新换代等活动。

2）启动周期是指单元系统在可用系统和核心系统之间转化的一个过程，其中包括两个目标系统和两个服务系统，分别是可用系统和核心系统，以及上线系统和下线系统。

- 上线系统是将一个可用系统准备上线的服务系统。在最高层的单元系统中，上线系统的活动包括系统配置、人员培训与安置、系统初始化等活动。
- 下线系统将永久性终止一个单元系统。在最高层的单元系统中，一个单元系统的下线活动包括通知通告、数据保存、系统停机等。

3）备份周期是指单元系统在核心系统和备份系统之间转化的一个过程，其中包括两个目标系统和两个服务系统，分别是核心系统和备份系统，以及中止系统和还原系统。

- 备份系统是与核心系统对应的一个状态系统，它是指单元系统在停机备份状态时的状态。在最高层的单元系统中，备份系统是指这个企业信息系统已经停止工作，接受维护的一个状态。
- 中止系统是指将核心系统切换至备份系统的服务系统。在最高层的单元系统中，中止系统的活动包括通知通告、暂停服务等。
- 还原系统由备份系统切换至核心系统。在最高层的单元系统中，还原系统的活动包括重启服务等。

4）运行周期主要描述单元系统在运行期间核心系统与环境系统之间的交互情况，其中包括两个目标系统和两个服务系统，分别是环境系统和核心系统，以及输入系统和输出系统。

- 环境系统是指单元系统运行的周围环境，包括环境中与系统进行交互的各主体。在最高层的单元系统中，企业系统运行的组织环境包括企业中的系统用户、与这个系统有交互的其他系统等，它们为核心系统提供输入和接收输出。
- 输入系统是指单元系统正常运行所需要的输入活动。
- 输出系统是指单元系统正常运行所产生的输出活动。

5）历史周期又称历史线，是指核心系统的历史延续性，考虑核心系统的发展过程和趋势可能给信息系统带来的影响，其中主要包括前承系统、核心系统和后继系统。

- 前承系统是指在这个新信息系统实施以前，为组织服务的信息系统。它可能是一个手工系统，也可能是一个技术系统。
- 后继系统是指下一个为组织提供同类或者替代服务的信息系统。在企业信息系统实施的最高层，单元系统功能向高层次提升，如由业务支持向决策支持、商务智能等方面发展；与此同时，系统应用范围的向外扩展，如向客户关系管理、供应链管理、跨组织工作流管理以及电子商务等方面发展。

这里主要考虑的是核心系统的沿承，使组织的 IT 战略能够良性发展。企业信息系统的实施就是组织的演化和再造的过程。尽管一项信息系统的实施对于组织可能是一段从未有过的体验，但组织可以从以往系统实施的经验中，衍生出对于系统的期望以及组织对于新系统的接受情况。

由于在前文中已有所讨论，一个单元系统需要消耗一定的资源，故可以用识别出的资源来表示一个单元系统，即：

$$单元系统=\{资源\} \tag{1}$$

需要注意的是，这里讨论的是一个系统实施所需活动的组织框架，用来发现单元系统在建设周期所需要的配套活动。在问题明晰方法中，我们意在识别这些活动所需要的物质资源和人力资源，以评测企业对于新系统的准备程度。一旦企业将合适的物质资源和人力资源分配到位，我们认为企业已经为即将引入的信息系统准备就绪。

循环应用

对于每个复杂的单元系统，均可实施以支撑系统分析；而分析所得的支撑系统又可作为单元系统继续分析。在实际操作中，可选择性地分析最有必要的那些单元系统，而不必详尽分析每个支撑系统。分析停止的标志为，当一个支撑系统所需要的技能和资源，可以在组织内找到或者从市场上可以买到时，即可停止分析。

分析结果

支撑系统技术前承单元系统分析，从支撑系统的角度来分析和识别单元系统；后继利益相关者识别和系统构成，为识别单元系统内的人与活动划定范围。在具备一系列支撑系统之后，分析人员可继续进行利益相关者识别和系统构成分析，不断填充和完善单元系统中的内容。因此，支撑系统分析的输入是有待分析的单元系统,通过寻找和识别生命周期中可能需要的技能和资源,它输出一系列涵盖系统实施过程中主要活动的支撑系统,以及这些支撑系统所需要的技能和资源。这些支撑系统又可看作单元系统,扩展了单元系统的范围,为问题明晰方法中后续的技术提供了分析的对象。分析后的效果如图 4.6 所示。

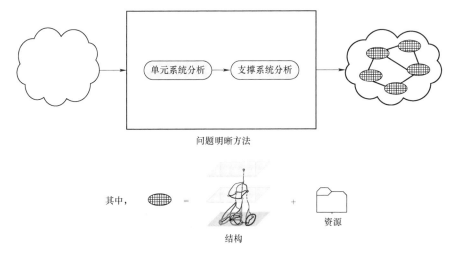

图 4.6　支撑系统分析之后的效果

从问题明晰方法输出的角度来说,支撑系统为企业信息系统引入分析物质资源的准备就绪程度。由于每个单元系统需要消耗一定的资源——人力资源或者物质资源,物质资源的合理组织和配置是企业信息系统实施就绪性分析中的一个必要环节。支撑系统中的资源系统所描述的正是一个单元系统所需要的物质资源。

(三)支撑系统分析的实施步骤

1. 识别当前状态下的支撑系统资源

根据支撑结构,分析组织中现有的资源,为系统实施中的活动准备。将分析结果表达成如表达式(1)所示,并记录于表 4.1 中的第三列。

2. 分析信息系统实施所需要的资源

结合信息系统实施的需要,分析出系统实施中的每项活动所需要的资源,如人、财、物、技术等,同样表述成如表达式(1)所示,并记录于表 4.1 中的第四列。

3. 问题诊断

将前两次分析结果做比较，分析出差距。其中的差距，可能是资源的不到位，也可能是相关技能的欠缺。无论哪一种差距的弥补，只要能够保证在系统实施的相应阶段能够有相应的资源和技能可用即可。这些资源和技术可能来自组织内部，也可能来自外部市场，需要公司花钱购买。

表 4.1 支撑系统对照表

周期	支撑系统	现有资源	需要资源
历史周期	核心系统		
	前承系统		
	后继系统		
运行周期	输入系统		
	输出系统		
	环境系统		
建设周期	建设系统		
	解体系统		
	维护系统		
	资源系统		
启动周期	上线系统		
	下线系统		
	可用系统		
备份周期	中止系统		
	还原系统		
	备份系统		

（四）改进建议

支撑系统的主要目的在于概要地识别出一个单元系统运行所需要的主要活动，检查企业是否具备和安排了相应的技能和资源。它并不负责指导这些活动的实施过程，对于这些活动的操作方法，可引入文献中的相关技术方法。幸运的是，这一部分主要落在技术实施领域，相关的文献讨论很多，如系统选择、引入、实施、岗位安置、人员培训、业务流程调整等。本书只举两例以说明问题，而不再一一重复。

例如，启动周期中的上线系统，可参照 Davenport 给出的方法实施[17]。Davenport 指出，在实施之前，组织应该创立相应的实施团队来保证实施的顺利进行，这样一个团队包括相应的角色：一个执行经理、一个项目经理、流程所有者、超级用户、战略规划团队和实施团队等。其中，执行经理执行多种角色，如在物流和信息流上保证实施得到相应的支持；项目经理统筹与业务、技术和组织变革相关的众多事宜；流程所有者负责流程与系统的匹配；超级用户代表典型用户，负责试用系统、系统测试和培训其他的同事；战略规划团队决策系统与组织的整体方向；实施团队负责具体的流程设计、系统配置和培训计划。

再如，备份周期中的准备，根据情况可有两种方案：其一是将其交付于实施方托管，企业付费购买他们的备份服务；其二是由企业的信息部门自行备份，可按技术手册上的相关说明操作。无论选择哪一种，都只要保证备份工作界时会按照计划发生即可。问题明晰方法所关注的是人员的配置与规范的设立等，以保证企业的信息系统在备份周期达到就绪状态。

四、利益相关者识别

（一）利益相关者的概念

"利益相关者"是信息系统领域中广泛使用的一个概念。然而，它并没有统一的定义。一种普遍接受的说法是，利益相关者是可能影响系统或者被系统影响的团体或个人。对此，我们认进一步阐述为，利益相关者是围绕一个信息系统或者其中某一部分而涉及的相关人员，是以企业信息系统为中心的人的集合。他们可能是单一的个体，也可能是一组个体，具有特定的角色和承担一定的责任，并且具有相应的权力。利益相关者在组织内从事相关的活动，是组织内各类活动的实践者。

在问题明晰方法中，利益相关者是单元系统最基本的要素。它们是单元系统的源头活水,一切活动都围绕着利益相关者展开。所谓"皮之不存,毛将焉附",没有利益相关者,一切活动没有了主体,单元系统也就不复存在。

(二)利益相关者识别技术

如前文所述,主体及其活动构成了单元系统,是单元系统的主要元素。利益相关者识别技术定义了一个通用的结构,帮助找出单元系统周围各类主体。在这项技术中,每个利益相关者需要分析的内容包括:角色、责任以及它对于技术系统的评估。

利益相关者的角色可以分成 6 类,分别是:活动者、客户、提供者、协调者、管理者和旁观者。其识别方法如图 4.7 所示。

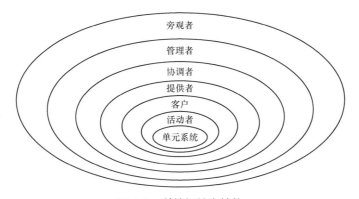

图 4.7 利益相关者结构

六类角色的内涵具体如下:

- 活动者为单元系统内生产或服务活动的具体执行者和操作者。
- 客户为单元系统所生产的产品或服务的消费者和受益者。
- 提供者为单元系统内生产或服务活动所需资源的提供者。
- 协调者为单元系统内生产或服务活动中资源分配和生产秩序的协调者,同时是活动者、客户以及提供者之间的矛盾和争端解决者。
- 管理者为单元系统内生产或服务活动所需规章制度和规则规范的制定者,同时是保障这些活动顺利实施的监督者和控制者。
- 旁观者在单元系统中并没有直接利害冲突,但他们是关注此单元系统的一些人,可能对单元系统产生间接的影响。

上述结构将帮助分析人员逐一找出各角色类别的利益相关者。每种角色可能包含一个或者多个利益相关者，分析人员将罗列出利益相关者的职务，借此反映单元系统内的岗位与责任的设置状况。这些利益相关者共同组成了单元系统的机体，形成一个以利益相关者为视角的结构化的单元系统视图。

对于每一种角色的利益相关者，同时需要识别出其对应的责任，以完成对其所履行任务的描述。每个利益相关者可能有一个或者多个责任，分析人员将发现并记录下这些责任，借此反映利益相关者对于单元系统的贡献。这些责任是一个利益相关者在组织中最为显著的标签。

此外，作为一个人类主体，利益相关者对于信息系统将有自己的喜好，做出或好或坏的评价，以及由此衍生出这个利益相关者对于新系统的接受和支持程度等。利益相关者对于新信息系统的评估评价，将在后续的价值评估技术中进行分析。评估之后的结果将反馈到利益相关者描述中来。

需要特别指出的是，不同类别的利益相关者对于单元系统具有不同的影响。在利益相关者结构图中，一个利益相关者离单元系统越近，它对信息系统施加或者被施加产生的影响就越大。因此，可以有选择地对于不同的利益相关者进行有目的性的分析。

综上，一个单元系统的本质是"主体-活动对"，故可以用识别出的利益相关者来表示一个单元系统，即：

$$单元系统=\{角色，利益相关者，责任，价值评估\} \qquad (2)$$

循环应用

利益相关者识别技术可应用于各类单元系统，包括子单元系统和支撑系统。按照利益相关者的结构，不断地找出和这个单元系统相关的主体与责任配置，直至覆盖组织的主要人员关系网络。

分析结果

利益相关者识别前承单元系统分析，为单元系统添加主体及相关信息；后继系统构成，分析单元系统中的活动。利益相关者识别技术的输入是一个"赤裸"的单元系统，经过利益相关者分析的初步细化，它的输出是这个单元系统内的一系列的人员及其权责配置，同时还为这些主体划定了结构，为以后的分析打下开端。利益相关者分析后的效果如图 4.8 所示。值得一提的是,利益相关者识别出的责任将作为核心活动,引导分析出单元系统内的其他活动,这将在系统构成中具体论述。

从问题明晰方法整体的角度来说,利益相关者为企业信息系统实施就绪性提供的是人员准备上的分析。它的主要贡献在于识别单元系统内的相关主体,并分析其工作所要求的权力与责任。根据前章的理论探讨,人员是两种资源之一,同时是组织的基础结构之一,人员能否合理安置将极大地影响系统实施的成功与否。利益相关者权力与责任的配置到位程度,从一个方面反映着企业对于新信息系统的就绪程度。

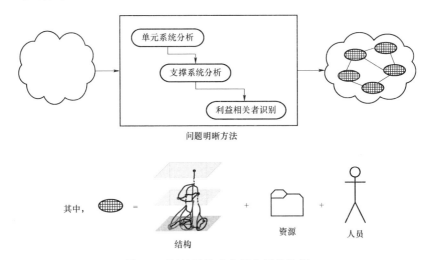

图 4.8 利益相关者分析之后的效果

(三)利益相关者识别的实施步骤

1. 识别企业当前状况下的利益相关者与责任配置

在实施一项信息系统之前,分析人员利用利益相关者识别技术,找出单元系统在当前状态下的利益相关者分布情况及其责任分配情况。这一分析结果为企业当前状态下的利益相关者分布和责任结构。分析结果可用表达式(2)表示,记录于表 4.2 第二、三两列。

2. 分析企业信息系统所要求的利益相关者与责任配置

由于新信息系统的引入,势必会导致工作方式的改变以及工作职位职责的变化。因此，有必要结合信息系统的需求和企业的实际情况，再次分析一下单元系统在信息系统引入之后的利益相关者及其对应的责任的配置情况。这一结果也可用表达式（2）表示，记录于表 4.2 第四、五两列。这一分析结果即为此单元系统在信息系统实施中关于利益相关者的就绪状态。

3. 问题诊断

结合前两步分析的结果，对二者做比较分析，找出二者的差距。在这个过程中，可做一列表，逐项比较当前状态与就绪状态的差距。比较的结果反映了企业信息系统实施中关于利益相关者这一基础结构的就绪情况。二者的差距既是尚未充分的地方，也是可能出现问题的地方。

表 4.2　利益相关者对照表

角色	当前状况		就绪目标	
	利益相关者	责任	利益相关者	责任
活动者				
客户				
提供者				
协调者				
管理者				
旁观者		—		—

（四）改进建议

从上述分析结果来看，问题在于利益相关者的安置和责任的配置上的差异。表面上似乎只要将合适的人安置在合适的岗位之上，并赋予相应的责任即可。但是，事情往往并非如此简单。企业在系统实施过程中经常经历着种种痛苦。Belt 很早就已经指出，技术上无法实现预期的效果，经常是由人的问题引起而非由技术问题引起[105]。这是因为，人是系统中最为关键，也是最为薄弱的环节[54]。要使这些利益相关者在单元系统内的活动按照期望发生和进行，不仅要将这些利益相关者"安放"在相应的位置上，还需要为这些利益相关者和活动提供客观条件和主观意愿，能够有效地工作。这就将涉及管理学中关于"授权"的概念和方法。

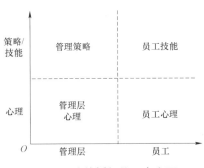

图 4.9 改善授权的四个方面

因此，在企业信息系统实施中，组织有必要以信息系统的引入为契机，重新审视组织内的授权状况。传统的管理理论认为，授权需要从"赋能与授权"两个维度来进行，即员工个人能力层面与组织管理策略层面；考虑到管理层与员工的心理，可从四个方面来改善授权的方法，如图 4.9 所示。

其中，在管理策略方面，管理层需要做到：第一，明确员工在组织结构中的角色和位置。管理层需要帮助他们建立一个清晰的视野，明确组织目标。这将有助于员工建立方向感，让员工能够清楚地理解高层管理的视野和战略方向，并和上级的目标保持一致。这可降低员工的不确定性和模糊性，提高授权效果。第二，明确员工的责任。当他们具有自主权力时，他们需要清楚地知晓自己的决策范围和自己需要负责什么，并且有明确的决策规则来辅助决策。第三，为平衡员工的责任，增加员工对重要资源的控制能力，如资金、设备和部分敏感信息等，让员工知道他们和公司做得如何，他们的工作是否对于公司有贡献。第四，鼓励团队协同工作。员工应该感觉到他们是公司的一员，这种团队需要有一个强有力的领导者，能够提供指导、鼓励和支持，来帮助克服可能遇到的困难。在开放性的团队中，成员互相尊重，并且愿意帮助别人。第五，改进奖励系统。与授权之前相比，员工增加了责任，组织需为增加的这部分责任提供报偿。这一点在后一小节中还将详细讨论。

在管理层心理方面，管理层则需要坚决下放职权，对于下属的控制转向结果控制而非工作的方式控制[106]。此外，管理层还需要充分信任员工，除非损害了公司的利益或者声誉，否则尽量维护他们的决策。

在员工技能方面，组织需要：第一，增加员工的知识。员工需要相关的知识然后方可授权，知识通过培训、教育和自学等方式获得。第二，增加员工的技能。这种能力可能通过培训和实践等方式获得，并采用模拟、实例、辅导和指导性实验等形式加以巩固。第三，提高员工的能力。可利用组织内的学习资源，如最佳实践的数据库、课程、图书馆、案例和仿真环境等来使员工获得这种能力。这种能力还可能来自工作轮换等活动，增加员工的工作经验。第四，拓宽员工的工作范围，为员工提供发展机会。这点可通过为员工提供机会和渠道来接触新的关系，如重要的同事或者组织高层、客户、供应商或者其他的关键资源来完成。也可鼓励员工接触外部环境，如参加会议、实地考察访问等，进而拓宽其视野。

在员工心理方面，我们可根据 Thomas 和 Velthouse 提出的授权模型来进行[107]。这个模型从心理学角度分为四个维度阐述：（1）意义，或称目的，是指员工认为自己角色和组织的价值观、理念以及行为等方面的契合程度。（2）能力，或称自我效能，是员工认为自己具有相应的技能来完成这项工作的信念。（3）自我决策是员工认为自己具有决定如何来完成自己工作的权力的信念。（4）影响力是指员工认为自己对于组织战略、管理和运作结果施加影响的效果[107]。因此，组织可从这四个方面来增加员工的心理授权。

赋能授权给员工的时候，同时需要注意的是：不同的员工能承担不同的权力，这需要视他们的能力和准备情况而定。此外，授权还要做到"授权不授责"和避免"权责不一致"。关于利益相关者的权力与责任，这里有必要明确如下：一般认为，职权（authority）是实现目标所需要的对于人和物的支配权力（power）。它也是行使履行和完成正确的事情的权力。责任指在一个主体的职责（duty）范围内，一项决策做出之前的职责元素，包括为一项工作（如项目、问题、任务）所付出的努力，因此它属于"事前"的范畴；负责（accountability）则表现在决策做出之后的主体的职责元素，它和这项努力的后果（如项目的结果、问题的方案或者任务的完成）有关，因而它属于"事后"的范畴。职权、责任和负责之间的关系如图 4.10 所示。拥有职权与承担责任是一对连续统一的概念。一个人拥有越多的职权，他将要承担越多的责任。负责意味着无论结果是好是坏，都要为行为绩效负责[101]。

因此，所谓"授权不授责"，就是指在授权时，即便出了问题，上级也并不能逃避责任，需为下属承担责任。这就是为什么我们一直坚持明确责任，而

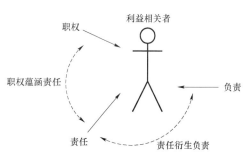

图 4.10　职权、责任与负责之间的关系

非职权。职权可以授出，但责任仍然保留。所谓"权责不一致"，是指在一些情况下，组织可能给员工一些权力，但却未改变其责任。这种策略导致混乱。

综上，在企业的信息系统实施过程中，人始终是第一位的因素，对人的总体要求是："在其位，谋其政。"企业信息系统的顺利实施需要投入精明能干、头脑灵活的人员。企业必须找出这些人，借调这些人，把他们组织成一个跨部门的团队，赋予系统实施的责任并授予相应职权。在实施之后，企业信息系统成功的实施意味着部分工作岗位的变动。因此，组织必须确保新的人员安置符合新的岗位要求，同时对工作评估，对补偿计划和奖励方案进行必要的调整，以适应信息系统所带来的新的业务模式。如果将企业信息系统实施看作一个组织重建的过程，那么无疑需要将一个相当大范围的利益相关者纳入考虑的范围之内。

五、系统构成与规范分析

（一）系统构成与规范分析的基本概念

识别出对单元系统内的主体之后，问题明晰方法转向分析单元系统的另外一个关键因素：主体的活动。按照符号学的观点，活动是组织的构成元素之一，它和主体共同构成了组织的基础。在一个组织中，这些主体与活动不仅数目众多，并且处在一个运动不息的变迁之中。所幸的是，组织中的主体的活动并非如布朗运动般杂乱无章地进行着，而是遵循一定的秩序，这背后或显或隐的秩序即是规范。换言之，主体按照一定的规范行事。如果将一个组织看作一个肌体，主体与活动则是这个肌体的血和肉的话，规范无疑是这个肌体的骨骼。它们在组织内形成了一个强大的势场，引导着主体与活动的方向[108]。

系统构成主要分析组织内的活动，从活动的视角透视、检查和再设计组织的某一部分业务，以配合信息系统的实施和组织的重塑。它将组织员工和信息系统一并纳入综合考虑，力图使二者协同工作并产生增效效应，最终顺利完成组织的目标。

规范分析是一项从组织中抽取规范的技术，力图还原出一套容纳组织内主体和行为的规范系统。规范是刻画组织内活动的"隐秩序"。规范明确规定了组织内各种符号活动的意义和责任的内涵,借此实现主体之间的共同理解和相互承诺。作为组织的构成元素之一,规范是建成组织这座"大厦"的"砖和瓦"[100],通过它们组织得以完成其社会实在的构成[109]。因此,规范分析从信息系统出发,但不受限于技术系统,逐层向外扩展并涉及组织的管理与文化等方面,其内容涵盖人员调整、工作变动、流程重组和企业文化整合等方面。

一旦完成系统构成分析之后,规范分析技术将集成整理之前所有技术的结果,将相关信息汇集起来以组成一幅关于组织的更为完整全面的画面。如果说之前的技术是分析组织内的技术和人的话,那么系统构成和规范分析则回归对组织业务的关注,刻画信息系统对于组织的需求,提供深度透视组织基础结构的能力。系统构成与规范分析可以用来反映一个组织关于信息系统的成熟性,分析一个组织在业务方面对于新信息系统的准备就绪程度。

(二)系统构成与规范分析技术

前文在利益相关者分析中提到,利益相关者的责任可以"映射"到他们的活动空间。对于已有的利益相关者,我们已经识别出他们的关键活动。但是,这些活动并不完整,无法拼接一幅完整的场景。系统构成技术将为单元系统补充识别出其他的必要活动。

系统构成是分析单元系统内活动的技术,其主要目的在于找出单元系统顺利工作所必需的关键活动,并为这些活动划定结构[48, 102]。在操作上,系统构成技术再一次采用结构化的思想。首先,它根据活动对于单元系统目标贡献的不同,将其分成为实质子系统、通信子系统和控制子系统,以识别出单元系统内的关键活动。紧接着,根据实施主体的不同,又将实质子系统中的活动接着划分成技术子系统、正式子系统和非正式子系统,以分析这些活动的完成方式。

单元系统的构成如图 4.11 所示。

1. 活动识别

实质子系统包括对实现单元系统目标有直接贡献的活动,如业务活动、服务过程等。通过这些活动的顺利完成,单元系统和组织的目标才可能得以实现。前文提到,利益相关者识别中的各个利益相关者及其主要活动(即责任)构成了实质子系统的主要内容。其中,活动者、客户和提供者操作基本业务,他们的主要

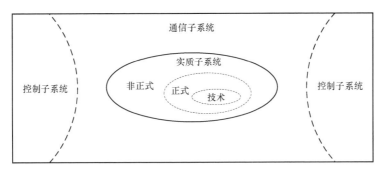

图 4.11　单元系统构成图

活动勾画出了日常业务活动的场景。正常情况下，大部分情况都将按照此模式进行。当工作中出现矛盾，有问题需要解决的时候，协调者需要出面来协商协调、解决冲突矛盾，使得工作顺利进行。当年初制定新规、年中控制以及年终总结时，管理者需要执行奖罚措施，颁布管理规定，以及进行其他必要的管理活动。

与实质活动对应的是符号活动，它们对于单元系统目标的实现的贡献是间接的，起到辅助作用，如协调活动、管理活动等。一个值得注意的现象是，在当代组织中，符号活动在组织活动中的比例与实质活动相比有过之而无不及，其作用丝毫不亚于实质活动。符号活动的存在对于组织活动的顺利实施起着至关重要的影响。它们的缺位将直接引发实质活动的失序和失常，导致组织目标的无法顺利实现。

第一类符号活动是通信活动，在单元系统中被划归入通信子系统。通信子系统包括实质活动之间的消息传达、协调同步等活动；通信活动的作用在于确保实质活动之间的交流交互，各活动能够按照正确的顺序执行，以及正确的信息在正确的时间以正确的方式抵达正确的接收者。对于通信活动的识别，可以从一项实质活动出发，分析其先决条件和后置条件，将促成其先决条件和后置条件发生的活动识别出来，并以此为基础扩展形成通信子系统。具体而言，各主要利益相关者活动之间的交流通信，如活动者、客户、提供者、协调者、管理者之间的通信活动，构成了通信子系统的主体。通过通信活动串连起来的实质活动，形成了完整的工作流程。

第二类符号活动为控制活动，在单元系统中被划归入控制子系统。控制子系统包括对于实质活动的监督、检查与控制等活动。控制活动的作用在于确保实质活动按照指定的方式正常顺利地完成。对于按照要求完成的任务，将对其责任者实施奖励；对于未按照要求完成的任务，对其责任者实施惩罚。对于控制活动的识别，同样可以从一项实质活动出发，分析保证其顺利进行所需要的奖励和惩罚活动，并以此为基础扩展形成控制子系统。具体而言，利益相关者的主要活动，如对于活动者、客户、提供者、协调者甚至管理者的活动都会被纳入监管控制范围内，形成了控制子系统的主体。通过控制子系统管理起来的实质活动有了保障，可以确保它们将会保质保量地得以进行和完成。

通过对上述三个子系统内活动的识别，可获得一个单元系统内主要活动的一个基本情景，从中可以清晰地看出业务活动的基本脉络和主要工作流程，认清单元系统内的人与活动。单元系统内各活动子系统的识别方法可概括总结如表 4.3 所示。

表 4.3　单元系统内的活动识别

	实质子系统	通信子系统	控制子系统
单元系统	活动者、客户、提供者、协调者、管理者的主要活动	活动者、客户、提供者、协调者、管理者主要活动之间的通信活动	对于活动者、客户、提供者、协调者、管理者主要活动的管理控制活动

2. 活动分析

识别出单元系统内的主要活动之后，可进一步分析这些活动的完成方式。分析的内容主要包括：这些活动是通过哪种实施主体以什么样的方式完成的，它们的前提和后置条件各自如何，以及其道义属性（强制性、允许性、禁止性）如何等。根据在不同主体间的分配和完成情况，这一步将活动继续划分为技术活动、正式活动和非正式活动，如图 4.12 所示。这种分配方法又被称作"洋葱模型"。

其中，技术活动包括组织中技术系统自动处理的部分工作，主要表现为信息系统提供的功能和完成的活动等。这些活动的处理方式一般遵循一定的管理思想或方法，已经被完全形式化并编入程序，交与信息系统自动完成。在相关分析时，需要分析出这些活动的前提条件和后置条件、道义属性等。

图 4.12　洋葱模型[77]

正式活动包括组织中需要人手动完成的部分工作，主要表现为组织中的业务流程、例行操作、规范动作等。这些活动的处理方式同样依照一定的管理思想或方法，被事先定义成为业务流程、操作规范、规章制度等，交由人工完成。需要分析的内容包括这些活动的责任者、前提条件和后置条件、道义属性等。

文化活动，也称非正式活动，包括受组织文化支配和影响的部分工作，主要表现为组织文化、传统和惯例等。这些活动的处理方式可参考组织文化，依赖于人的知识和经验，交与人工来完成。需要分析的内容同样包括这些活动的责任者、前提条件和后置条件、道义属性。

需要注意的是，这里所讨论的文化活动并不等同于组织的使命、目标、战略等官方文件字面上所倡导的东西；虽然二者可能有重合。组织高层所倡导的未必是现实中存在的，甚至在现实中是不可能存在的。这里所识别出来的文化是指组织中现实存在的，或者是为达成目标所真正需要的文化活动，可能与组织的目标、战略等吻合，也可能不吻合。实质系统内各子系统的分析内容可概括如表 4.4 所示。

表 4.4　单元系统内的活动分析

实质系统	技术子系统	正式子系统	文化子系统（非正式子系统）
	系统功能、技术活动	操作规范、业务流程、规章制度	文化、传统、惯例

纵观洋葱模型在不同级别的单元系统的分析结果可以发现，越到底层的单元

系统，落入正式子系统和技术子系统的活动越多；越到高层的单元系统，落入非正式子系统越多。这可解释为基层工作或多或少有章可循，而管理工作则更需要灵活性和艺术性。

对于上述活动，其分析的结果可表示如下：

$$单元系统=\{主体，活动，前提条件，后置条件，道义属性\} \quad (3)$$

系统构成仅负责活动的识别和分析，接下来还要以规范的形式将其形式化并描述出来。

3. 规范获取与描述

系统构成已经识别出单元系统内的一系列活动。规范分析将完善这些活动的信息，理清组织的基本情况。由于规范所界定的核心是主体和行为，规范分析的目的在于明确"在何种情形（环境和条件）下由何主体来产生何种行为"[110]。

本书将采用 Liu 等所提出的规范分析方法[77,111-113]。由于这套方法本是延续语义分析中的本体依赖图而设计，本书中由于没有本体依赖图的事先存在，故将其做适当的调整以适应问题明晰方法。

1) 责任分析旨在为一项活动识别并分配责任者。在规范分析中，有两种类型的责任者：规范的施众和受众。规范的施众是规范的创立者和废除者，他们有权力制定和废止一条规范。规范的受众是规范的遵循和执行者，也即规范的作用对象，或称为规范的主体，他们有义务按照规范的要求来行为。值得注意的是，规范的施众往往不是规范的受众；二者虽然有时可能是统一的。在一个单元系统中，规范的创立者和废除者是当前单元系统的利益相关者中的管理者。他们为单元系统内的活动制定规则、监督和检查活动的实施，并实施奖励或者惩罚等措施。规范的执行者是当前单元系统的利益相关者中的活动者，他们遵照既有的规章制度来执行相应的操作。

在前文系统构成的讨论中，所有的活动都有一个主体与之对应。这个主体即是规范的执行者。这个主体可能是人类主体，也可能是机器主体。对于人类主体，在实践中，组织赋予规范的遵行者一定的责任，以明确其权责。当预定的活动没有按照预期发生时，需追究其主体的责任。对于机器主体，由于技术系统只能完成工作但并不能（也不可能）承担责任，在这种情况下，需要为其指定一个主体

（supervisor）来监控其行为并为之负责（或部分负责）。

2）原型分析旨在分析规范所生存和起作用的环境，同时结合规范的主体和行为，给出规范的原型。规范分析的一项重要任务是识别行为所发生的环境。一般认为，世界上存在着各种各样、近乎无穷无尽的规范（维根斯坦），特定的环境决定了哪些规范将在此适用。目前学术界并没有一致认同的关于环境的具体明确的构成元素。一般认为，时间、地点、目标、周围的事件和参与其中的人，都是构成环境的元素。在问题明晰方法中，单元系统起到环境的作用。单元系统的范围即环境的边界，单元系统有固有的目标，存在于一定的时间和空间内，由特定的一群利益相关者及其行为构成，这些都构成了规范的环境。

由于在系统构成中分析出了主要的活动，责任分析中明确了活动的责任者，在获得了环境之后，便可尝试写出规范的原型。这里采用 Searle 提出的规范原型表示法[92]，即 x does y in context c，故一个规范的原型可表示为：

$$\text{在<环境>中，<主体>执行<行为>} \tag{4}$$

3）触发条件分析旨在分析一条规范在什么条件下可能引起何种活动。它进一步明确规范的作用域，完善规范的描述信息。在分析一项活动时，它的触发条件包括先决条件和后置条件。先决条件是指一个行为发生之前必须满足的条件，后置条件是指行为发生之后需要满足的条件。在单元系统内，一个实质活动的后置条件经常引起另一个实质活动或者通信活动。同样道理，一个通信活动之后往往跟随一个实质活动或者通信活动。这些条件都应当被捕获并反映到规范当中。

此外，在触发条件分析中，结合规范的主体和行为，还应当判断此项活动的道义属性，即"强制性""禁止性"或者"允许性"。即在什么条件满足时，一个主体"必须""可以"或者"禁止"实施某项行为。

4）详细描述：规范分析法所讨论的是如何获取行为规范。有了前三个步骤的准备，可以采用以下更为完整的结构来描述一条行为规范：

$$\text{在<环境>中，<主体>在<条件下><道义属性>采取<行为>} \tag{5}$$

4. 循环应用

如上所述，实质系统可分成非正式子系统、正式子系统和技术子系统，如图

4.13（a）所示。通信系统又包括子实质系统、子通信系统和子控制系统，其中，关于通信的实质是指通信活动所需要的实质活动，关于通信的通信是指通信过程中所需要的通信活动，关于通信的控制是指通信过程中所需要的控制活动，如图 4.13（b）所示。当关于通信的通信、通信的控制比较复杂时，可对之进行此类分析，以求降低复杂性。

同理，控制系统也包括子实质系统、子通信系统和子控制系统。其中，关于控制的通信是指控制活动所需要的实质活动，关于控制的通信是指控制过程中所需要的通信活动，关于控制的控制是指控制过程中的控制活动，如关于奖励的奖励，如图 4.13（c）所示。当关于控制的通信、控制的控制需要特殊分析时，同样可进行此类分析，以降低复杂性。

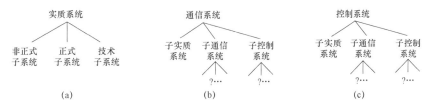

图 4.13　系统构成的循环应用[82]

对于系统构成识别出的活动，可继续应用规范分析。这是一个记录和组织知识的过程，它获取并集中存储组织内最生动的知识，保持对组织细节的关注。正是这些细节的存在，才使得对于组织的分析能够入木三分，栩栩如生。

5. 分析结果

系统构成技术前承单元系统分析和利益相关者识别，下启规范分析，是前后分析的桥梁。对于每个有分析必要的单元系统，包括子单元系统和支撑系统，都可实施以系统构成分析。它围绕单元系统的目标，结合利益相关者，分析出单元系统内的各项活动。紧随其后的规范分析则详细检查单元系统的运行状况，描述企业为迎接新信息系统所需要的规范：个人主体的行为依赖于（文化）规范，组织的行为通过（正式）规范来定义，技术系统的行为则利用（技术）规范来详细说明。分析之后的效果如图 4.14 所示。

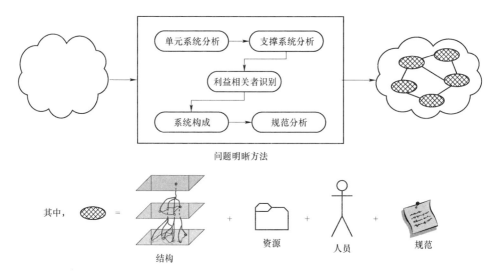

图 4.14 系统构成与规范分析之后的效果

从问题明晰方法通盘来看，系统构成和规范分析主要检查组织的技术、业务和文化的准备情况，提取出规范作为组织的基础结构之一，为企业信息系统的实施做准备。至此，问题明晰方法已经完成了对单元系统的技术、人员和管理等基本面分析，对单元系统有了比较全面的认识。接下来的价值评估技术将转向分析利益相关者对于信息系统的评估。

（三）系统构成和规范分析的实施步骤

1. 识别当前组织内的活动与规范

组织内的各类活动数量众多，仅其生产活动动辄成百上千。在众多头绪之下，用系统构成识别和分析当前组织内最为核心的活动，并将之以规范的形式整理描述并呈现出来，填之于表 4.5。

2. 分析企业信息系统所要求的活动与规范

一个企业信息系统的引入可能引起组织内部生产方式的改变。一般来说，这种改变将促使组织向前发展，是一种有益的尝试和探索，需要整个组织的配合以实现信息系统实施的成功。因而，结合信息系统的需求，分析出组织在新引进一个信息系统环境下的理想工作方式，以及支持这种工作方式的规范，填之于表 4.5。

3. 问题诊断

将第二步分析得到的规范和现有规范（第一步的分析结果）进行比较，以判断企业是否为新信息系统准备就绪。从前文的分析可得知,活动与规范的布局可分为 9 个类别。因此,在每个单元系统内,皆可从实质、通信和控制三个类别进行三个方面的比较——活动方式、业务流程和文化上的差异。对于存在的差异,可采用适当的办法来改进工作方式,弥补和缩小差异。

表 4.5 规范输出结构

类别	实质子系统	通信子系统	控制子系统
技术子系统	技术–实质	技术–通信	技术–控制
正式子系统	正式–实质	正式–通信	正式–控制
文化子系统	文化–实质	文化–通信	文化–控制

(四)改进建议

企业信息系统的实施可能引起组织巨大的变革,需要组织调整它的业务实践以适应系统中的方式。高效的组织能够充分利用信息系统所带来的潜能,善用系统实施的机会,对于企业流程和组织结构做出相应的改变,并寻找新的商业机会。然而,这种改变往往具有"牵一发而动全身"的效果。当组织顺应企业信息系统实施的要求,将现有业务流程调整至标准流程时,其他的组织元素(如组织架构、员工的权力与责任、培训、绩效评估手段、组织文化、领导力类型等)也需要做相应的调整[15]。Davenport 指出,具体的调整应该在系统实施之前就已经落实,并且在实施过程中得以监理[17]。这也是本书的主旨和期望。

1. 变革实质系统

首先,企业内的信息系统反映了组织的 IT 能力。交与技术系统的活动体现了新引进的企业信息系统在组织中的角色和作用。只有厘清这些活动和功能时,企业才满足引进这个信息系统的最低门槛;也只有当这些功能和活动将被恰当使用时,企业才达到实施此项信息系统的目的。一旦决定将某一部分工作交给技术系统之后,企业需要做的工作包括数据准备、表格单据设计等技术上的准备。学术界和工业界内存在着大量的从技术方面准备企业的方法,系统供应商会提供用户手册,本书不做过多讨论。

其次,企业的业务流程反映组织的业务能力。为使企业信息系统发挥出最大效用，企业流程必须进行适当调整，以适应信息系统中的流程[55, 114-116]。关于这一点，历史可以提供一些借鉴。事实上，正是企业流程重组的概念引领了始于20世纪90年代的大规模系统实施的第一次浪潮[117]。通过引入信息系统，组织寄希望能够快速重组和标准化主要业务流程，反映当时最先进的管理实践。那个时候，一些组织努力谨慎地配置系统使之适应组织业务流程，同时大刀阔斧地重组企业流程以利用新的工具[15, 114]。发展到后来，业务流程重组不再局限于后台支持流程（像第一轮重组时那样），而是更多地转向知识工作者和知识工作流程[118-119]，如市场营销、新产品开发、战略规划等。

近年来，一些公司已经开始从流程重组向流程管理转变，获得了巨大的收益。这些公司的做法可以提供一些启示[120-122]。他们首先检查各部门间的功能接口，增强不同业务单元之间的协作。在此基础上，采用重新设计、调整和优化组织的业务流程、调整组织结构、启用新的流程模型等方式向流程导向型的组织转变。为实现最终的变革，公司识别囊括核心工作的主要流程，任命最优秀的员工为流程所有者，重新分配责任与权力，赋予他们职权和预算的权力，同时改变管理系统，将评估的重点由部门转向流程，重新设计了新的绩效考核手段。与此配套的是，这些公司还改变任命和培训的手段，强调流程整体和团队工作，而不是狭隘地只在自己的小地盘上单兵作战。在持续性上，许多成功实施了企业信息系统的大公司在实施之后，仍然继续检查工作流程和系统的适应性，思考系统和流程如何进一步改进以支持业务的发展需要。

最后，组织文化的形成需要长期的培养，需要利益相关者长期侵浸在组织文化中，受组织文化影响和熏陶，以便能够有效地领悟和理解。文化上的整合和调整是企业信息系统的高级目标，如果能够达到组织文化与新信息系统带来的管理思想的统一，那么无疑将会为企业的组织能力带来巨大的提升。它们代表新引进信息系统的生存的文化环境。只有合适的生存文化环境，组织才能和信息系统产生协同效应，产生一加一大于二的效果；否则，二者只会相互损伤，降低企业的活力，为企业带来负面的影响。一旦决定将某一部分工作交给非正式系统之后，企业需要将组织文化调整和重塑纳入考虑范畴，从长计议着手文化上的准备。

组织文化是嵌于组织功能和结构之间的一种媒介，往往具有润滑剂的作用[123]。

尽管人们总是倾向于将组织形式化，尤其在技术论者的眼中，更是经常采用一些规定好了的正式流程和自动流程来支持组织的工作。人们对于技术系统的偏执趋向于淡化非正式系统，组织的非正式系统的作用被严重低估了。事实上，文化系统是所有组织行为的根基，应该投入更多的精力在此之上。

2. 改进通信系统

企业信息系统引入组织后，它本身将是一个庞大的通信系统。如果组织能够对其加以善用，则已经是对通信系统的最大改进了。

3. 完善控制系统

控制系统包括奖励和惩罚，奖励重于惩罚。这里所讲的奖励侧重于激励创新性表现，营造出一种自我效能的氛围[124]。前文在利益相关者分析中讨论过的授权相关方法，有利于这项工作的开展。在组织设计中，努力增加工作的多样性，增强个人相关性、自主性和控制力，降低例行公事的比例，描绘公司的未来愿景，都有助于授权下属。另外，及时的奖励，重视员工的能力和创见，适量增加工作的挑战性，明确角色定义，降低角色冲突，尽量减少角色重叠，也会增加员工的自我效能感[124-125]。

总之，组织和业务集成是一项艰巨的任务，它将在系统实施之后的一段时期内长期存在。一个成功的企业信息系统实施将是一个大范围的组织变革，它需要企业具有空前的团队合作能力、流程式企业模型和完整一致的业务知识。组织变革的结果只有两种情况：一种是，如果组织变革失利，不仅向集成式企业转化的努力将是徒劳，而且还可能引起灾难性的后果；另一种是，如果变革能够得到有效管理和顺利实施，企业信息系统将产生巨大的业务影响力。诚如 Erich Fromm 写道："成功的变革像一个伟大的领袖，不成功的变革是一个罪犯。"CIO 们需要决定他们想成为一个什么样的人。

六、价值评估

（一）价值评估的概念

公认地，组织文化对于信息系统的实施十分重要。作为组织的价值和信念在实践中的指南，组织文化形成了系统实施的环境。由于大范围的系统实施可能引起组织的巨大变化，组织文化将对于系统的规划、实施和运作产生重要影响[27, 126]。早期的文献已经充分论述了这一点，如 Ettlie 认为组织文化的改变是成功的关键[127]。Kampmeier 论述到，企业信息系统实施失败率居高的原因之一就在于没有对组织文化足够重视[128]。尽管组织可能不愿意承认，组织文化中的一股很强的势力对于系统实施起着负面的影响。Schneider 更是明确指出众多的企业在系统实施时为忽略组织文化付出了高昂的代价。

价值评估技术将从组织文化的角度揭示利益相关者对于信息系统的价值观，用来分析组织成员当前所持有的文化观是否与即将到来的信息系统相融。围绕组织生活的不同方面，这项技术试图根据一个结构化的框架来捕捉分析利益相关者头脑中的评估（evaluation）活动，勾勒可能尚未完整形成的价值观，进而评测出他们对新信息系统的接受意愿程度，并判断组织在文化观方面对于新信息系统的准备就绪性。

（二）价值评估分析技术

笼统地说，文化是人们生活的方式，包括人们的信仰、风俗、习惯等。Hall 从人类学的视角提出了"所有的文化起源于人类的生物特性"的观点，并用"基础文化（infra-culture）"的概念从 10 个方面来分析文化的构成。这 10 个方面既互相独立（互不依赖），但同时又互相影响。Hall 在他的著作 *The silent Language* 一书中论述道："每一个方面都可以追溯到人类的生物本性，甚至于生命的起源。这些方面对于生物的行为产生着种种潜移默化的、甚至是完全无意识状态的影响，乃至形成了后来人类的文化。"[129]

Hall 的观点深刻地揭示出基础文化对于人类行为的影响，价值评估正是采用这样一种思想。它从文化的角度来分析人类对于新信息系统的行为，以及信息系统对于人的行为的影响。价值评估以采用 Hall 的 10 个方面为基本框架，针对信息系统的评估略有调整，旨在判断利益相关者对于引进一个新信息系统的得失。这 10 个方面及其解释见表 4.6。

表 4.6 Hall 关于文化构成的 10 个方面

No.	方面	解释	举例
1	物质性	新系统对于此利益相关者在物质上的改变	是否失业，对于收入的影响
2	区分性	对于利益相关者间的差异的识别与区分	是否易于对于利益相关者的年龄、性别、教育程度的区分
3	地域性	物理上的可达性，空间上的远近	是否拉近了空间上的距离，位置更近，易于控制
4	时间性	时间上的企及性，时间上的距离	是否加速了时间上的进度；提高响应时间，缩短延迟时间，延长生命周期
5	学习性	学习促进能力，知识共享能力	是否促进学习，支持知识共享，有益于获得新知识、新技能
6	愉悦性	工作时的满意度、成就感、愉悦感等	是否让利益相关者感到高兴愉悦
7	保障性	公平性，权利	是否有利于个人信息的保护、个人权利的保护
8	宜用性	适宜性，正当性	是否适宜使用，促进组织资源的正当使用，与组织及个人目标有无冲突
9	联合性	兴趣小组，联盟，网络	是否促进建立兴趣小组，建立关系，形成联盟
10	交互性	交流沟通	是否促进交流、沟通，是否有利于合作、协作

以上述 10 个方面为基础，价值评估技术设计出一套评价体系，用此 10 项指标来评价一个信息系统对于利益相关者行为的影响。这套基于打分的方法，以 10 项指标为行，以参与评估的利益相关者为列，组成一个二维表格，见表 4.7。

表 4.7 Hall 价值评估表格

方面	利益相关者 1	利益相关者 2	利益相关者 3	…	分项和
物质性				…	
区分性				…	
地域性				…	

续表

方面	利益相关者1	利益相关者2	利益相关者3	…	分项和
时间性				…	
学习性				…	
愉悦性				…	
保障性				…	
宜用性				…	
联合性				…	
交互性				…	
汇总	单人汇总1	单人汇总2	单人汇总3	…	汇总

在评价的过程中，每个利益相关者从这10个方面为一个信息系统打分，其评估区间从-3到+3。其中，在任意一方面，-3表示某利益相关者十分强烈反对此信息系统的引入；+3表示某利益相关者十分强烈支持此信息系统的引入；其余数值表示他的支持程度介于二者之间。

打分完成之后，通过对每列的数值进行累加，计算得出一个代表当前利益相关者对于此信息系统的评估的综合结果，表示此利益相关者对于信息系统总的支持程度。-30表示此利益相关者十分强烈反对引入此信息系统；+30表示此利益相关者十分强烈支持引入此信息系统；其余介于二者之间的数值表示不同的支持程度。通过这个汇总结果，进而可以推知这个利益相关者对于这个单元系统的可能态度，如是否支持和接受及其相应的程度。

循环应用

价值评估技术可用于各类单元系统。在实际操作中，价值评估可沿着子系统的主线逐层应用。对于最高层次的单元系统应用，它可反映出整个组织对于信息系统的接受程度；对于低级别的单元系统的应用，它反映出组织局部对于系统的接受程度。

此外，价值评估还可以在不同的时间点上进行循环应用。利益相关者对于信息系统的评估会随着时间的变化而改变。一时的态度并不代表永恒，态度会由于各种原因而发生改变。在日常生活中，一个人对于一项事物的态度发生 180 度转变的例子屡见不鲜。因此，在评估利益相关者对于新信息系统的态度时，也不能过分相信一时一地的态度，有必要在不同的时间重新审视价值评估。因此，需要选择不同的时间点来测量利益相关者对于信息系统的态度。一个粗略的执行点分别是在系统实施前、实施中和实施后来进行。通过比较总体结果和分项结果，分析需要从哪里入手来提高利益相关者对于信息系统的正面评估。

分析结果

价值评估是问题明晰方法的收官技术。在价值评估实施之前，单元系统和利益相关者需要被识别出来，中间的系统构成分析有助于全面理解单元系统的运行机制。具备这些条件之后，价值评估分析出人对于信息系统的影响，并直接决定系统实施的成败与否。因此，这项技术的输入是单元系统，输出利益相关者的接受和支持程度。价值评估分析之后的效果如图 4.15 所示。

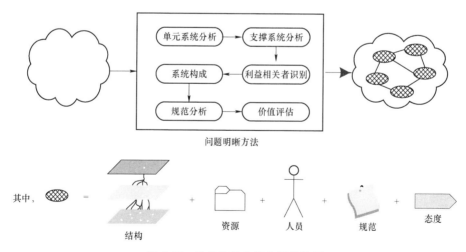

图 4.15　价值评估分析之后的效果

从问题明晰方法通盘来讲，价值评估为企业信息系统的实施分析人员态度上的准备情况。对于一些可能影响大局的重要利益相关者，如果分析出其对于新信息系统的态度不积极，那么就需要做出相应的补救措施，如教育、培训、谈话等，以期在实施前完成其态度的转变,减少系统实施的阻力,提高实施的成功率。这一技术检测的是组织的文化方面的准备程度。

(三)价值评估的实施步骤

1. 测评当前的用户态度

当前的用户态度是指组织在现时状态下对于信息系统在文化价值观上的接受程度,它可能是实施前、实施中和实施后的任何一个阶段。员工的态度总分介于 $-30\sim+30$ 之间。

2. 定义理想的用户态度

理想的用户态度是用户从 10 个方面中的各个方面都认为信息系统将为自己带来好处,即每个单项为+3 分,总分为+30 分。它仅是一个理论上的参考值,一般情况下并不容易出现。

3. 问题诊断

根据测量出的评估结果,与理想态度想比较:对于正分的方面,表示"基本满意或者非常满意";对于零分的方面,表示"需要留意";对于负分的方面,表示"需要采取措施"。

(四)改进建议

为尽可能发挥企业信息系统的潜力,首先需要理解文化促进或者阻碍信息系统使用的原因。文化是人们所共享的一套基本行为模式,是人们在适应外部环境和融合内部环境的过程中所学到的一整套行之有效的方法,并可以传授给下一代作为基本的感知、感受,思考和行为方式[130]。一般认为,组织文化的基本要素包括指导人们行为的规范、价值和信念等[131]。在一个组织中,这些组织文化的元素影响一项技术是否融合和被接受,构成了企业信息系统实施的环境[132-133]。

为理解企业信息系统实施对于组织文化的影响,则需要理解前者对组织的业务方式和员工产生影响的主要方面。在企业信息系统环境下,组织寻求一种新的行为方式,当前的目标和规范将需要重新定义[134-135]。系统实施对现有员工的积极性、培训和能力要求都会产生影响。随着责任和权力的转移,员工的工作内容和方式可能发生变化,组织内部可能存在一定的不确定性,这将引发对于变化的抵制。任何一个企业信息系统的实施团队都可能面对一定程度的抵制[15]。例如，已经熟悉了原有的各种非正式关系的员工，突然发现组织变得正式起来，并且很不人性化。或者，在企业信息系统引入后，某些特定的领域，部门或者子公司可能感觉被剥夺了权力，觉得自己的责任被撤减或转给下属了，这种情况也时有发生。

企业信息系统的实施是一个修改组织文化的过程。在这个过程中，必须确保修改后组织文化须将组织引向一个可以真正获益的状态。由于文化是无形的、难以把控的，而其影响又将是巨大的、深远的，因而任何关于文化的修改必须要十分小心谨慎，保证文化演化的方向是有利于组织获益的状态。

在理解组织文化时，我们需要睁大眼睛去观察和感受组织的文化。需要注意的是，现实中的组织文化和理想的组织文化往往有着很大的不同。我们既不能将管理层所一厢情愿相信的或者宣称的作为组织文化的现实，也不可将企业的目标和政策陈述等同地对待为组织文化的内核，它们都可能与企业的现实之间存在着巨大的差异。

Herold 等曾指出系统实施前阶段对于员工态度形成的重要性，它在塑造企业信息系统第一印象以及员工的态度有很大作用[38]。实施前对于信息系统的态度是一个出发点，可能影响到之后的实施行为，如负面影响的传播、员工在规划与设计阶段的参与、对于新技术的抵制等。后续阶段很多员工态度方面的问题都可以在这个阶段找到根源。员工对于企业信息系统的态度是动态的，随着时间而变化。一方面，当员工对于这项新技术仅有少量经验时，他们的态度可能是中性的，并且很大可能地受少数几个系统属性影响。此外，他们的态度可能是根据他们自身过去的经验或者二手资料而主观臆断出来的。另一方面，当他们获得了直接经验或者通过一手资料学习了解到系统时，他们的态度可能更加生动和具体。对于新技术的兴趣和热情可能有涨有落，在实施的过程，员工拥有越来越多的信息和直接经验。对于企业而言，它所面临的挑战在于如何维持系统实施期间员工的兴趣度和支持度[54]。

第三节　企业信息系统实施就绪性模型

前文花了相当的篇幅讨论了企业信息系统实施就绪性分析方法。实际上，就方法设计的顺序来说，就绪性模型产生于就绪性分析方法之前；先有了就绪性模型，才按照模型设计出方法。但为行文紧凑与方便组织，本书在结构安排上特意选择先讨论就绪性分析方法。本节现在给出企业信息系统实施就绪性模型。

根据组织基础结构的分类，企业信息系统的就绪性模型由四个维度组成，分别是技术平台、人员布局、业务规范和员工态度。其中，技术平台指资源和技能的配置，由表 4.1 中的 16 个支撑系统构成衡量指标；人员布局指组织中人员的配备与责任的分配，由表 4.2 中的 11 项角色和责任组成衡量指标（其中，旁观者并无"责任"一项）；业务规范指组织中业务行为与操作，由表 4.5 中的 9 个规范子系统构成衡量指标；员工态度指从文化意义上的员工接受度和支持度（如表 4.6 所示），由表 4.7 中的 10 项指标构成。

有了这些衡量指标之后，对于任何一个单元系统，组织就绪度计算方法如下：

- 资源的配置：实际上是对表 4.1 中 16 对支撑系统的比较，计算资源在前后两次匹配的百分比，再乘以 10（放大以取得一个介于 0 到 10 之间的数值）。
- 人员的安置：实际上是对表 4.2 中前 5 组利益相关者的角色和责任的比较，计算角色和责任在前后两次匹配的百分比，再乘以 10。
- 规范的布局：实际上是对表 4.5 中 9 个子系统的比较，计算规范在前后两次匹配的百分比，再乘以 10。
- 员工的态度：总分值在整个分数区间的百分比，再乘以 10。

这样，每个维度都可计算生成一个分数，将 4 个维度的分数汇总之后平均所得分数对应于整个单元系统的就绪级别。

在组织研究相关领域中，一直以来存在着不同的就绪度模型，如组织变革就绪度模型[136]、行为改变模型[137-138]、技术就绪度模型[139]、社区就绪度模型[140-141]等。这些模型都提出了不同的区间划分以描述就绪程度。本书综合考虑各就绪度模型的区间划分，提出企业信息系统实施的不同级别的就绪状态指示，见表 4.8。

表 4.8 组织就绪度级别对应表

级别	就绪程度	描述
0～1	无意识状态	组织或者管理层还没意识到实施企业信息系统是一个问题
1～3	觉醒	大多数人认为系统实施与本组织有关，但并没有直接的动机来采取任何行动
3～5	规划与准备	明确需要采取某种行动，发生一些小范围内的讨论；负责领导开始仔细计划和准备，员工提供相应的支持
5～7	启动与实施	各种信息已经收集到位，实施活动开始进行；决策层支持企业信息系统实施活动，员工接受培训和开始使用系统
7～9	认可与扩展	改进组织的努力正在进行，组织成员对新系统感到满意，认可并支持系统的扩展
9～10	专业化状态	关于系统实施和组织变革的各种知识已经存在，人们清楚理解它的复杂性和各种因果关系，熟练操作系统

例如，如果计算得出的数据是 4.6，那么这个单元系统的就绪度是"4"所对应的"规划与准备"状态。

可用上述办法计算出各级别单元系统的就绪度。需要注意的是，考虑到评估的精确性，组织某一业务单元对于企业信息系统的整体就绪性并不等同于它在这一级别的就绪性，而应将这一级别本身和所有下辖子单元系统的就绪度考虑在内。例如，整个组织的就绪性需要根据组织内所有单元系统的就绪性结果经算术平均计算得出。

第四节 问题明晰方法的应用模式与讨论

一、问题明晰方法应用模式

在介绍问题明晰方法的行文中，我们采用的各项技术的推荐应用顺序如图 4.16 所示。

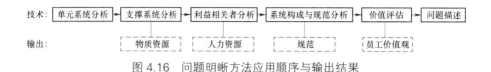

图 4.16 问题明晰方法应用顺序与输出结果

考虑到问题明晰方法的灵活性要求，各单项技术允许以不同的方式组合使用，即问题明晰方法应该允许不同的应用模式。对此，在具体的应用过程中，可能出现的典型应用模式有：

1. 单元系统→利益相关者&价值评估

对于一个新引进的信息系统，找出利益相关者，然后揭示其价值构成，分析各利益相关者对于此信息系统是否接受和支持。它可用来测试管理者对信息系统的支持态度和员工对于信息系统的接受态度。这种模式可实施于整个系统，也可只做系统局部的功能测试；可出现在系统实施的各个阶段，包括实施前、实施中和实施后。测试的结果可表示为：

$$单元系统=\{利益相关者，价值\} \qquad (6)$$

2. 单元系统→支撑系统

对于一个即将实施的信息系统，找出其支撑系统，以寻求其预期资源配置。同时，它可实施于信息系统整体，也可实施于关注的局部。这种模型在系统实施过程中有可能被经常用到。分析的结果可表示为：

$$单元系统=\{资源\} \qquad (7)$$

3. 单元系统→支撑系统→利益相关者识别

对于一个新信息系统，找出支持它的支撑系统。如有必要，继续对某一支撑系统寻找支撑系统。然后，识别出利益相关者和责任，以期分析系统相关的人员安置及权责配置。这种模式在信息系统的技术实施过程中可能经常出现。分析的结果可表示为：

$$单元系统=\{利益相关者，角色，责任\} \qquad (8)$$

4. 单元系统→利益相关者识别、系统构成→规范分析

对于一个信息系统，首先找出其利益相关者，然后根据系统构成，逐步分析找出单元系统内的实质系统、通信系统和控制系统。对于通信和引导系统，继续找其实质、通信和引导系统；然后，对于实质系统，找出非正式系统、正式系统

和技术系统,进而分析其规范。这种模式可能常见于系统实施过程中和实施后阶段,以维护组织内的规范。这样做的好处在于能够把每一个的分析都显式化。分析的结果可表示为:

$$单元系统=\{规范\} \quad (9)$$

当能够把实质系统的工作合理有效地分配到非正式、正式和技术系统时,分析即可停止。

二、问题明晰方法改进反思

下文将从方法论的角度讨论改进后的问题明晰方法的完整性与设计原则,以确保方法的改进与既有原则是相符一致的。

(一)方法的完整性

新问题明晰方法采用现实主义的本体论,认为主体与环境之间的交互类型有四类:感知、认知、评估、行为,再加上主体之间的交互。除感知在语义分析方法中单独讨论外,问题明晰方法中讨论了主体与环境交互行为剩下的三类,唯独主体之间的交互尚未讨论,它将作为将来的研究重点。因而,从理论上说,问题明晰方法的完全性可得到保障。

新问题明晰方法采用社会学中的结构化理论作为认识论,认为一个组织的基础结构包括资源与规范。其中,资源包括物质资源的配置与人力资源的安置;规范包括行为规范、评估规范、感知规范和认知规范。问题明晰方法讨论了所有的两种资源和规范中的前两种,由于后两种规范与组织就绪性分析关系不大,故新问题明晰方法包涵了组织就绪性在基础结构分析方面的主要内容。

从实践的角度,问题明晰方法覆盖了组织的技术、管理(包括人与业务)、文化三个大的方面,以此来探讨企业的就绪度和问题。根据 Hall 对于文化的论述,这三个方面也足以覆盖企业信息系统实施就绪性的主要方面。

因此,新问题明晰方法在理论上的完整性基本得以保障。

(二)方法的设计原则

1. 灵活性

新问题明晰方法继承了原问题明晰方法的灵活性原则,尽量保持了各项技术之间的独立性，主要表现在：虽然推荐以特定的顺序应用各项技术，但分析人员在分析的过程中仍然可以随时向前跳回到之前的某一项技术，或者向后跳转至之后的某一项技术；在分析过程中，可以随时应用价值评估技术；利益相关者识别用来分析主体的结构，系统构成用来分析活动的结构，二者各司其职，尽量分开。

2. 循环应用性

新问题明晰方法可以递归应用。如单元系统分析、利益相关者识别、支撑系统和系统构成。通过不断的循环应用，分析人员可以深入了解组织的内部状况，为组织的就绪分析提供便利。同时，新方法对于"循环应用性"的理解和使用并未停留在应用层面，它还体现在更高层面的分析思维上：如从整体上，问题明晰方法分析的侧重点从组织转到技术，后来又回归到组织之上；分析的对象从主体转到活动，后来又从活动回归到主体之上。

3. 向导性

新问题明晰方法继续遵循向导性原则，为每项技术都提供一套模板，来指导分析人员的应用。除单元系统外，其他技术如利益相关者识别、价值评估、支撑系统分析、系统构成和规范分析都有一套清晰可用的模板。分析人员在应用的过程中，可沿用模板来指导方法的使用。

4. 易学易用性

新问题明晰方法崇尚简单原则，深知只有简单且行之有效的方法才会被企业接纳。因此，方法尽量统一概念，让用户好学易用。对于新的概念或者指标尽量给出详细说明。如单元系统的概念在方法全程的应用，在讨论子系统与支撑系统时，也坚持使用这一概念。

第五节 小　　结

本章对问题明晰方法进行了发展和改造，将其用于分析企业信息系统实施就绪性问题。新问题明晰方法通篇采用了系统化、结构化的思想，对于所分析的对象力求不重不漏，同时兼容并包人类学、组织学、社会学等学科的思想和理论，力求能够较好地处理组织的基础结构分析问题。

在研究过程中，我们对前辈研究者肃然起敬，正是他们的光辉思想照亮和启迪了我们的研究。从技术系统、业务管理（包括人与活动）和组织文化的角度来分析技术系统实施的思想，几乎早被前人所洞悉，如 Likert 年指出的那样[68]：

> 企业信息系统实施是社会–技术过程，它对于企业的业务、人员、技术和结构都将产生影响。由于结构、业务、技术与人之间的依赖关系，任何一处改变都将对于其他地方产生影响，其结果表现为系统实施不仅是一项技术使命，更多的是业务、结构以及人事的变革。

这些精辟的思想，拿到今天来看仍是入木三分。虽然他们的方法可能不适用于当今复杂多变的环境，但他们的思想无疑至今仍具有指导意义。

第五章
问题明晰方法的 CASE 工具设计与开发

总体说来，设计问题明晰方法的工具主要有三个目标：

第一，从方法研究的角度来说，它是为了进一步完善和细化问题明晰方法，检查方法的有效性。将方法的主要步骤付诸 CASE 工具实现的过程，就是一个对于方法的形式化和检验的过程。它将审视方法的每一处细节，在这个过程中有可能发现方法在概念设计阶段中存在的思维盲区，从而完善方法在逻辑上的严密性，弥补可能存在的缺陷，提高方法的坚固性。

第二，从方法应用的角度来说，它是为了进一步加强和巩固问题明晰方法，提高方法的应用性。问题明晰方法中各项技术之间的内在关联紧密，在分析过程中可能出现循环嵌套的情况；分析过程中涉及的数据存储量大，逻辑性强。此外，信息的输入与输出、数据的处理与比较、成熟度模型的输出，这些都需要一个计算机工具来最大限度地简化分析人员的工作，辅助其完成整个分析过程。后者同时是方法的导向性和易学易用性的具体体现。

第三，从方法推广的角度来说，它是为了方便方法的推广。"工欲善其事，必先利其器"，一个有效的工具将提高方法的效率，为方便在日后的推广提供便利条件。否则，即便一个方法本身再有思想和魅力，潜在的功能再强大，没有合适的工具将这种潜力展现出来，它的应用效果也会大打折扣。

此外，原有的问题明晰方法 CASE 工具为项目管理而设计，并且由于设计年代较久而导致如今需要的部分功能缺失，并不适合于企业信息系统实施的组织基础结构分析工作。因此，开发一套 CASE 工具来支持问题明晰方法的应用有其理论意义，也有其现实需要。

本章的组织方式如下：第一节明确问题明晰方法的需求；第二节讨论设计与开发方案，包括软件架构与数据模型；第三节展示 CASE 工具的操作与输出情况；第四节对本章内容做一简单小结。

第一节 需 求 分 析

一、方法理念

首先回顾下问题明晰方法的设计理念。总体来说，问题明晰方法的 CASE 工具应该蕴含方法的设计理念。简言之，即"一沙一世界"，从信息系统的实施中看组织的发展与变化。在对企业信息系统实施问题的看法上，问题明晰方法采取的是一种宏观的视角，以信息系统的引入为契机，并以信息系统为工具，来推动组织的建设与发展。"通过信息系统看组织"的理念意味着，组织的运作始于信息系统，又超越信息系统，最后目光凝聚于组织的建设与发展。

具体而言，问题明晰方法通过结构化的方法来看待和实现组织的建设。由于组织内的组成元素——人与活动——呈现出典型的分层特征，因此将一个组织在纵向结构上分为五个层次来审视人员与活动，利用信息系统体系结构在不同的级别上组织资源。在每一层上，以组织内的人与活动为主体和出发点，进一步分析组织内的主要元素，将其横向地扩展为由组织的人员、态度、规范、资源等方面，着力抽取组织系统的结构，展现组织系统的结构特性。

因此，问题明晰方法的 CASE 工具在设计上也应该秉承这一理念，以结构化的视角看待组织，以发展的眼光对待系统的实施。信息系统的引入就是对组织内资源的重新组合和分配，甚至是业务模式的改造与升级[142]。总之，问题明晰方法将信息系统的实施看作企业中的一件大事。

二、问题明晰方法实施过程中的主要活动回顾

问题明晰方法从企业信息系统实施的最前端出发，旨在分析组织对于一个新的企业信息系统的准备程度。这一过程是通过分析和比较企业信息系统实施所需要的条件和组织当前的基础结构来完成的。因此，在大的方面，问题明晰方法的总体思路如下：

第一步是组织运行状态监测，识别出当前组织环境下的基础结构状况，其中包括组织中的人与主要活动、资源与规范、组织对于企业信息系统的态度等。

第二步是组织运行目标设计。根据待实施的企业信息系统的要求，重新规划资源分配、人员配置、态度的调整、规范的布局等。后者是最宏伟也是影响最为深远的计划，同时包括技术系统、组织结构、业务流程和文化的再设计等。

第三步是检查与比较前两步的结果，对组织的现状评定等级，生成组织的就绪度报告。

最后一步，也是很重要的一步，是根据前一步的结果，针对组织现状向就绪目标改进与调整，使其达标以准备实施企业信息系统。它同时也是一个组织再设计与再建设的过程，使组织步入一个持续改善与提高的轨道。

三、CASE 工具支持的活动

问题明晰方法 CASE 工具的使用对象是企业信息系统实施过程中的分析人员，它可能是组织的相应负责人，也可能来自第三方咨询公司。在问题明晰方法的实施操作过程中，分析人员主要的活动有：资源的识别、利益相关者的识别、规范的识别、员工的态度分析。

具体到每一项技术，问题明晰方法 CASE 工具需要支持的活动可以分为：数据采集、数据分析以及最后结果的输出。其中，数据采集中的活动包括：

- 定义单元系统，记录单元系统的相关信息，如起止时间、起止责任者、单元系统的目标等。
- 按照支撑结构识别支撑系统和主要活动，可以把每个支撑系统对待成单元

系统，并允许把其中的主要活动作为一个单元系统。

- 识别主要利益相关者，执行角色与责任分析。在一个单元系统中，每个利益相关者持有一种角色，可以同时拥有多项责任。
- 从利益相关者的责任中，引导划分出实质活动、通信活动和控制活动，进而分析出实质活动中的技术活动、正式活动和非正式活动。
- 辅助分析利益相关者对于新信息系统的评估。

数据分析中的活动将现在状态与目标状态做逐项比较，分析差距。这一步主要由 CASE 工具来完成，省去分析人员手工比较的麻烦。在分析完数据之后，问题明晰方法将分析结果组织成就绪度报告，组织将按照此报告着手准备。输出的结果除各单元系统的就绪度之外，还应该包括：

- 从支撑系统中导出资源配置。
- 从利益相关者识别中导出人力资源安置和权责配置。
- 从已有的分析结果中，尤其从系统构成的结果中，导出规范（包括主要活动与流程）。
- 从价值评估中导出利益相关者的态度构成。

此外，CASE 工具还应该集成问题明晰方法的应用指南和支持它的各种常用模式。一方面，支持问题明晰方法的应用指南，可以按照一定的顺序操作；另一方面，支持问题明晰方法的其他常用模式，方便用户的使用。

四、设计原则

CASE 工具应该蕴含并支持问题明晰方法的设计原则，即灵活性、循环应用性、向导性和易学易用性。其中，灵活性要求 CASE 工具支持分析人员在分析过程中可以从一项技术跳转到另一项技术，在适当的时候再跳回来；可以从任何一项技术开始分析，以任意顺序进行分析，而保证结果的完整性。循环应用性要求 CASE 工具支持无限向下分析和嵌套使用，如单元系统与支撑系统之间的角色对换，不断向下分析；如系统构成可以继续向下分解子系统，直至找出最细小单元活动。向导性要求 CASE 工具设计合理，能够引导分析的进行。易学易用性要求

CASE 工具简单方便，容易上手使用。

第二节　系统分析与设计

在明确需求之后，着手设计与实施。在这一阶段的众多活动中，为说明问题，本节只选择展示数据流图、系统架构和数据模型加以讨论，而略去其他部分。对于数据流图，也仅给出第一层，认为它已经足以说明问题。

一、数据流图

根据前文的需求分析，问题明晰方法 CASE 工具的使用对象为系统分析人员，旨在帮助其进行数据收集、处理以及结果的输出工作，故顶层的数据流图如图 5.1 所示。

图 5.1　顶层数据流图

CASE 工具应该包含 5 个主要功能模块，分别是单元系统分析、利益相关者识别、价值评估、支撑系统分析和系统构成分析。故第 0 层的数据流图如图 5.2 所示。

对于单元系统分析，CASE 工具应该支持新建单元系统和子单元系统，并将各类数据存储在一个单元系统表中，如图 5.3 所示。

对于利益相关者识别，CASE 工具应该支持角色和利益相关者的管理，包括添加或者删除角色与利益相关者等，将角色和利益相关者的信息分别存储至相对应的数据存储中，如图 5.4 所示。考虑到角色在不同的项目中可能会有微调，CASE 工具在设计时扩展了角色的种类，并不限于问题明晰方法中提出的 6 类，而是允许用户根据情况的需要自行添加。

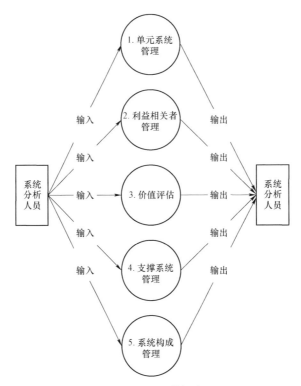

图 5.2　第 0 层数据流图

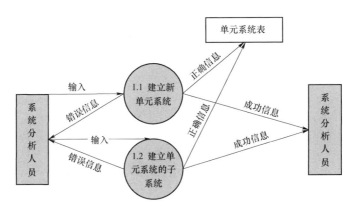

图 5.3　第 1 层数据流图：单元系统分析

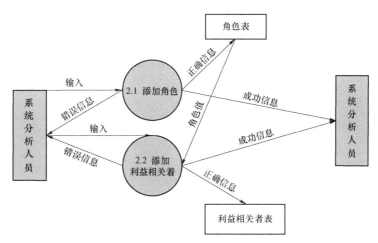

图 5.4　第 1 层数据流图：利益相关者识别

在支撑系统分析中，CASE 工具应该支持支撑系统的管理和支撑系统子系统的管理，后者包括子单元系统和子支撑系统。由于存在将支撑系统等同地视为单元系统的需要，其中需要涉及默认支撑系统表、支撑系统表和单元系统表三个数据存储，其之间的关系如图 5.5 所示。

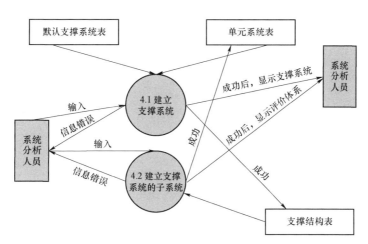

图 5.5　第 1 层数据流图：支撑系统分析

对于系统构成，CASE 工具应该支持分析人员建立实质、通信和控制活动。其中涉及的数据存储有：活动表、参与活动表、利益相关者表和单元系统表，它们之间的关系如图 5.6 所示。

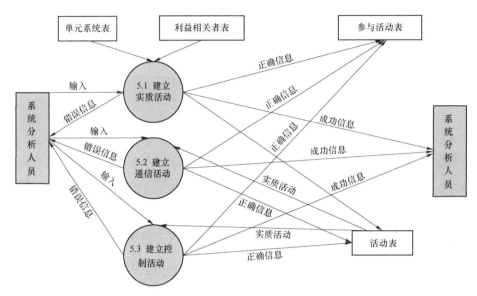

图 5.6　第 1 层数据流图：系统构成

在价值评估中，CASE 工具应该支持分析人员为某个单元系统建立一个评估体系，以及为这个单元系统实施评估。其中涉及的数据存储有：价值评估表、评价指标表、价值评估明细表、利益相关者表和单元系统表等，它们之间的关系如图 5.7 所示。

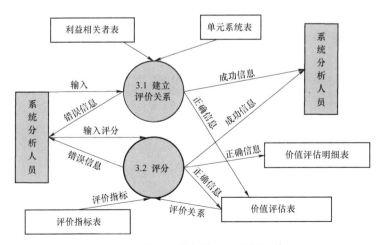

图 5.7　第 1 层数据流图：价值评估

二、系统架构

在系统设计阶段，首先需要考虑的是系统的总体架构设计。在这个 CASE 工具中，系统采用传统的三层结构：数据层与数据库对接，负责对数据的操作；业务层负责主要业务逻辑；表示层负责与分析人员交互和结果显示。为方便开发，CASE 工具还从这三层结构中抽象出了副三层结构，分别为常用类库、用户控件和页面，方便于开发过程中的重复使用。系统架构如图 5.8 所示。

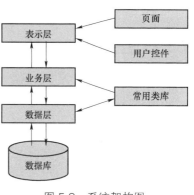

图 5.8　系统架构图

三、数据模型

CASE 工具的数据模型的详细设计如图 5.9 所示。它包括 13 个表，涉及单元系统、利益相关者、活动、责任、支撑系统、价值评估等。

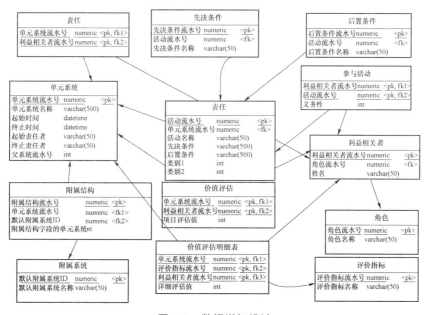

图 5.9　数据详细设计

第三节 系统开发

系统采用浏览器/服务器结构。在开发过程中，以 Microsoft Visual Studio 作为开发环境，使用 C#.net 程序语言，数据库系统则采用 Microsoft SQL Server 2005，用 Microsoft IIS 2.0 作为应用服务器，在 Microsoft Windows XP 下开发和运行，并支持移至服务器上运行。

一、页面与操作

在功能组织上，整个系统采取一横一纵两条主线贯穿的方式。以单元系统为纵向主线，引导用户不断向纵深分析；以支撑系统、利益相关者、规范和价值为横向主线，主要分析资源、人员、业务与规范等基础结构情况。

（一）单元系统定义

每个单元系统具有一个开始和结束，存在一些责任者管理单元系统，其他一些主体为这些活动负责。每个单元系统有若干子系统。此外，单元系统提供一个访问其他页面的接口，指向基础结构分析技术，其页面如图 5.10 所示。

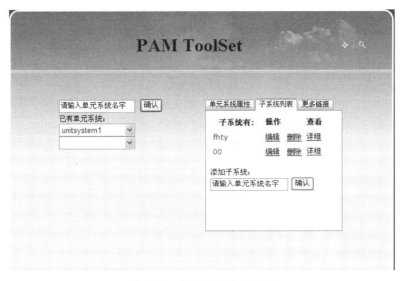

图 5.10　单元系统定义页面

（二）利益相关者分析

这个功能页面主要分析一个单元系统的利益相关者分布情况，如图 5.11 所示。一个单元系统的利益相关者包括 6 类角色，每个角色下面可能有多个利益相关者。每个利益相关者需要分析的信息可结构化描述为：<名字，角色，责任，评估>。每组利益相关者都指向其单元系统。

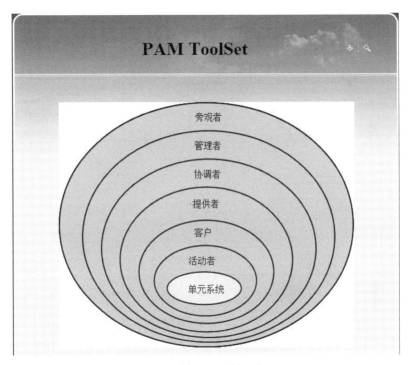

图 5.11　利益相关者识别页面

（三）支撑系统分析

支撑系统分析在于帮助收集企业信息系统实施过程中所需要的技能与资源情况，如图 5.12 所示。其中，每个椭圆或者方框都是一个支撑系统。每个附属系统都可看作是一个单元系统，因此具有和单元系统同样的功能操作：如椭圆或者方框里面的文字是支撑（单元）系统的名字，可编辑修改；有系统属性和子系统；可对其分析利益相关者、价值评估、支撑系统、系统构成等。

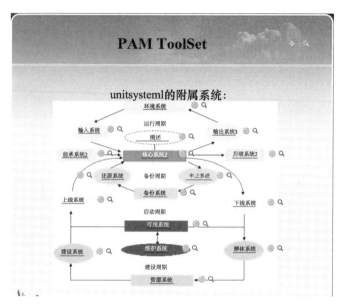

图 5.12　支撑系统分析页面

（四）系统构成

每个单元系统由一系列的活动构成，这些活动可以分为 3 类：实质活动、通信活动、控制活动。实质活动又可分为 3 类：技术活动、正式活动、非正式活动，如图 5.13 所示。

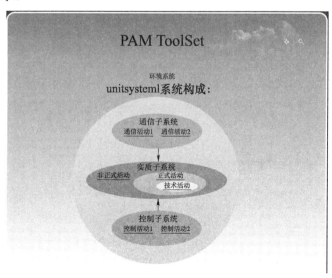

图 5.13　系统构成页面

实质活动主要从利益相关者中各个角色的责任列表中获取，这些活动将落入实质子系统的范围内。根据实质活动的先决条件和后置条件来引导分析通信活动，为单元系统添加相应的通信活动，负责协调实质活动的有序进行，这些活动将落入通信子系统范围内。对于一个实质活动，可为其添加新的控制活动，负责奖励与惩罚，以确保实质活动保质保量地完成，这些活动将落入控制子系统范围内。

当添加一项新活动时，描述的主要信息有：活动、利益相关者、先决条件、后置条件、义务性（MUST、MAY、MUST NOT），类别 1（实质，通信，控制）、类别 2（技术，正式，非正式）等。

（五）价值评估

评价指标组成一个动态表格，如图 5.14 所示。其中，表格的行由利益相关者组成，可不断从利益相关者列表中选择添加；列为评价指标，内容为固定的 10 项。评估值由系统分析人员选择填入。

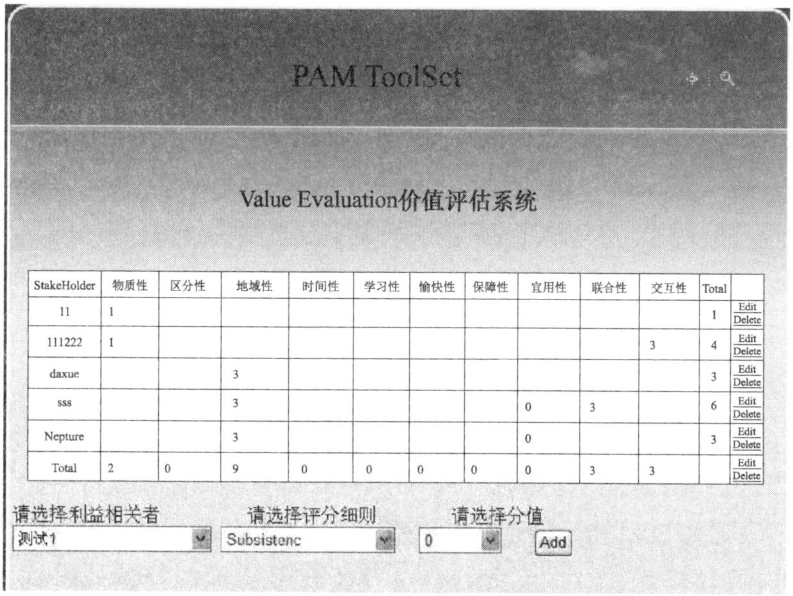
PAM ToolSet
Value Evaluation价值评估系统
StakeHolder 物质性 区分性 地域性 时间性 学习性 愉快性 保障性 宜用性 联合性 交互性 Total
11 1 1 Edit Delete
111222 1 3 4 Edit Delete
daxue 3 3 Edit Delete
sss 3 0 3 6 Edit Delete
Nepture 3 0 3 Edit Delete
Total 2 0 9 0 0 0 0 0 3 3 Edit Delete
请选择利益相关者
测试1
请选择评分细则
Subsistenc
请选择分值
0
Add

图 5.14 价值评估页面

二、输出结果

目前,这套 CASE 工具的组织就绪度模型的生成和输出模块正在开发之中。计划输出内容包括组织的现状报告和就绪目标报告,以及各单元系统的就绪度区间。

第四节 小 结

本章讨论了问题明晰方法的 CASE 工具的设计与开发。利用这一工具,分析人员可以定义单元系统,识别与其相关的支撑系统和利益相关者,分析组织的业务活动及规范,并且制定日后改进方案。在设计 CASE 工具的过程中,重新审视和校验了方法背后的逻辑关系,对方法的有效性做了第一次检验。

第六章
Rushey Green 社区医院信息系统实施的就绪性研究

放眼全球，医疗卫生行业正在进行着一场以降低成本、提高效率和提供个性化医疗服务为目标的根本性变革。各国政府正在尝试改革医疗服务模式，努力实现从诊断治疗模式到预防保健模式的转变，以便将医疗服务的福祉惠及全社会。在这场变革之中，各医疗组织需要实施新的技术来重新组织业务流程，加强医患联系，提供高效优质的医疗服务。从技术推动的角度来看，处于这场变革中心的正是以电子病历为代表的信息化技术的实施。然而，医疗卫生领域的信息化整体发展水平并不高。在利用信息技术方面，医疗行业远远落后于如银行、金融、电信、通信、航空航天等其他行业。在很长一段时间内，医疗卫生领域由于种种原因曾对信息技术的采用并无太大热情，造成了整个行业起步较晚的现实。尽管当前的信息化程度不高，但有迹象表明，在采用信息技术方面，医疗领域正迎头赶上。

医疗信息系统是医疗改革的一个恰适的切入点，连接着一个医疗组织的内外。它内可纵深到医护人员的日常工作一线，外可延展至与供应商以及上下级医院之间的联系，具有广阔的发展空间。在应用手段上，它具有灵活多样的方式，从管理信息系统到临床业务系统，从互联网应用到移动应用，都显示着医疗信息系统的巨大潜力。

然而，医疗信息系统的实施是一个巨大的挑战，它常常混合了多个业务领域，同时涉及人员、工作流程、决策、通信和奖励系统等诸多方面的调整，是一个真正的"牵一发而动全身"的系统工程。变革管理专家和医疗从业者同时认为，对于变革的准备就绪是变革成功实施的一个关键的先决条件。有一半的实施失败是由于组织未能事先准备充分；当组织高估了自己的准备程度时，各种非预期的结果就有可能发生。这也是为什么许多大型医院在开始一项组织变革之后却只达到了部分实施目标的原因。

在这样一个大背景之下，本书选择医疗领域作为实证领域，检验问题明晰方法的应用效果。除上述讨论外，选择医疗领域还有以下四点原因：第一，医疗领域本身重要，关系到国计民生，各国均重点扶持。美国、英国和中国的医疗改革和电子病历相关的项目正在如火如荼地进行。因此，有这方面的社会价值和意义。第二，正值医疗领域有实施企业信息系统的需求。医疗信息系统经过多年的发展，正从单一系统向系统集成方向迈进，全院集成和区域化集成是大势所趋。第三，医疗行业信息化基础好，有行业协会和专门的行业信息标准。第四，有国际大公司提供标准的医院信息系统，行业化发达。

本书将从事前和事后两个角度采用两个案例来验证问题明晰方法的有效性。本章选取英国一家社区医院为背景，以它的一个处在实施后阶段的信息系统为例，检查这家医院的当前情况，以检验问题明晰方法能否覆盖保证信息系统顺利运行所需要的所有基础结构特征。下一章选取国内的一家大型医院为背景，以它的一个尚处于实施前阶段的信息系统为例，测评这家医院对于新信息系统的准备就绪程度，并示范问题明晰方法的使用。为演示起见，每个案例将只选取其中一至两个场景为代表，详细介绍其分析过程。

本章的组织方式如下：第一节将介绍英国这家社区医院的背景，第二节回顾社区医院的一个信息系统的实施过程、发展历程以及取得的经验和教训。第三节将应用问题明晰方法分析出信息系统的就绪状态，得出它对于医院的基础结构要求。第四节将前一节分析得出的结果与实施过程相比较，讨论问题明晰方法分析结果的有效性以及医护人员对于案例的反馈。

第一节　Rushey Green 社区医院的背景

在介绍本章的案例之前，有必要简要介绍一下英国的医疗卫生系统。英国采取的是一种由政府资助的以公立医疗为主的体制，称之为"全民健康服务系统"（National Health Service，NHS）。整个医疗系统分为初级、二级和三级医疗系统。初级医疗系统主要由面向社区的社区医院构成，包括全科医生、药剂师、牙医等。社区医院处于医疗系统中的中心地位，它们是国民的医疗服务的注册机构，并伴随他的整个诊疗和保健过程。二级医疗系统由地区性的综合医院组成，提供化验、诊治、手术等医疗服务，并负责接收由社区医院转诊的患者。三级医疗系统一般指专科医院，由如脑神经外科医院、烧烫伤医院、整形医院等构成的专门的医疗服务。

本书所调研的 Rushey Green 社区医院即是位于伦敦 Lewisham 区的一家社区医院，现有员工 45 人，其中有医务人员 30 名，负责为所在 Catford 社区的 9 000 余名当地居民提供医护服务。为提高工作效率和提升服务水平，此医院已于 2001 年采用一款英国社区医院市场上的主流信息系统——Egton 医疗信息系统（Egton Medical Information Systems，EMIS）作为日常医院管理系统，负责存储患者记录、就诊记录、患者预约和处方、各种文档报告以及医疗知识库和药物数据库。根据院方反映，EMIS 系统的实施的确为医院带来管理上的便利和效率上的提高，带动了医院的整体业务水平的提升，提高了医院对居民的医疗服务能力。

第二节　EMIS 系统的实施过程与现状

自创立之初，Rushey Green 社区医院就决定实施一套医疗信息系统。经研究比较，医院在 2001 年前后选定了由 EMIS 公司提供的解决方案。这套解决方案包括由 EMIS 公司提供 EMIS PCS 版的软件系统和硬件服务器，同时负责系统的技术实施，包括派遣工程师上门安装、数据转换与准备、系统实施、系统调试与试运行和员工的操作培训等，并承诺提供系统维护与数据维护服务。两年后，EMIS 系统升级至 LV 版。

在医院方面，医院自发地或者迫于需要一直进行着调整与适应。除 EMIS 公司提供的正式培训外，医院内部的 IT 部门也一直为员工提供非正式的指导和培训。由于实施较早，员工与 EMIS 系统几乎同时进入医院，EMIS 系统从一开始就影响着医院的组织结构和岗位设置，如接待人员、病历管理人员的岗位设置和定责等。在业务方面，医院起初需要决定哪些事情付诸自动化、哪里保留纸质系统等；后来逐渐转向业务方式的改变，如利用 EMIS 系统帮助医务人员结构化工作，如提供模板和理顺流程等。在员工态度方面，虽然医生刚开始由于医嘱录入不便对 EMIS 系统有一些抵制，但是医院管理者强制要求使用，这种抵制在医生适应系统以后也便很快消失了。

由于医院规模不大且管理灵活，Rushey Green 社区医院在磕磕绊绊中一路走来，总体上还算成功，取得了宝贵的经验和教训。这些经验在于，首先由于系统使用医生们的日常术语，操作简单易学，贴近领域及用户。其次，医院自身也在主动地从组织流程和员工态度等方面适应系统，故此 EMIS 才能够成功实施。另一方面，此次实施取得的教训在于，由于 EMIS 系统不是基于 Windows 设计，所有命令及操作都靠键盘输入，这一点不符合用户的使用习惯，因此在一开始造成了一定的阻力。此外，由于医院没有准备备份系统，在使用中途曾由于一次系统崩溃而导致所有功能无法使用，给医院带来很大的损失。

虽然系统已经实施，但是仍有一些问题萦绕在医院管理者的头脑中。从 EMIS 的角度来看，它要求医院具备哪些资质？当前的医院状况是否最大限度地发挥了 EMIS 系统的效用？从医院的角度来看，实施当年医院准备好了吗？即便现在，医院也真的准备好了吗？下面我们将用问题明晰方法分析 EMIS 系统对于医院的基础结构要求，分析 EMIS 系统所要求的医院的就绪状态。

第三节 EMIS 系统实施的就绪状态分析

首先，通过单元系统定义将组织分为不同的层次粒度和业务单元。一般来说，问题明晰方法将一个组织分成五个级别，即企业级、业务领域级、业务流程级、功能级和数据级，进而从这五个级别来分析一个组织的准备情况。对于 Rushey Green 社区医院，我们做同样处理。为说明问题起见，本节将仅分析其中的四个级别，即企业级、业务领域级、业务流程级和功能级中，每个级别选择一个典型场景来示意和表述，分析 Rushey Green 医院对于 EMIS 系统的实施准备状况。

遵循这样五个级别，本案例的分析脉络如下：在企业级，Rushey Green 社区医院主要向社会提供医疗保健服务、教学服务和科研服务。其中，医疗保健服务又可分为不同的子领域，如临床医疗、护理、预防和保健等，这些是医院的核心领域服务。这些领域服务又包括若干个业务流程，如临床医疗服务包括门诊、危重急症预处理、协调转诊、心理咨询、传染病处理等业务流程。每个流程由若干个功能组成，如门诊流程包括预约和诊治等功能。

一、企业级的就绪状态分析

EMIS 系统是一个企业级应用。从整个医院的角度来看，即在医院的合伙发起人的眼中，EMIS 系统实施的目标为提高员工的工作效率，使整个医院系统顺利运行。如果视其为一个单元系统，那么它的起始时间为 2001 年前后，NHS 信托会作为它的管理机构，有权决定其设立与否。在企业级，Rushey Green 医院主要向社会提供五项服务，即临床医疗服务、护理服务、预防与保健服务、科研服务和教学服务，这五项服务可作为企业级的子系统，如图 6.1 所示。

（一）识别 EMIS 系统的利益相关者

前文已经指出，Rushey Green 社区医院提供临床医疗、护理、预防与保健、

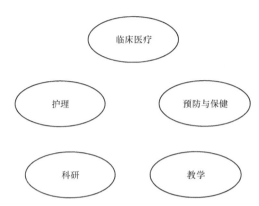

图 6.1　Rushey Green 社区医院的企业级子系统

科研和教学服务，其服务对象为伦敦 Lewisham 区 Catford 社区内的所有注册患者、公众和医护实习生。由于社区医院一般由全科医生组成，并不具备专门的仪器设备等化验和检查，它需要一个指定的二级医院——Lewisham 医院——作为它的上级医院，提供社区医院专门的化验检查等服务。同时，作为一个独立法人，它还需要医疗产业链的上游企业的协作，如药剂供应商负责提供医用试剂等。NHS 信托会是医院的出资机构，它有责任和义务监督社区医院的运行状况。由于英国医疗系统实行医药分离的体制，药房并不隶属于医院，因此，药房对于医院实施 EMIS 系统来说属于旁观者。尽管可能对于 EMIS 系统的实施情况感兴趣，它并不受 EMIS 系统的直接影响。类似地，邻区医院也不受 Rushey Green 社区医院实施 EMIS 的直接影响。各利益相关者的角色和责任描述如表 6.1 所示。

表 6.1　EMIS 系统利益相关者识别——企业级

角色	利益相关者	责任
活动者	医院员工	● 临床医疗 ● 护理 ● 预防与保健 ● 科研 ● 教学
客户	● 患者 ● 公众 ● 医护实习生	—

续表

角色	利益相关者	责任
提供者	• NHS 信托会 • Lewisham 医院 • 药剂供应商	• 提供资金拨款 • 协助提供专业医疗等 • 提供医用药剂等
协调者	—	
管理者	NHS 信托会	监督和检查社区医院的服务质量和水平
旁观者	• 邻区医院等 • 药房	—

如前所述,利益相关者识别的任务之一是,识别并明确已有的利益相关者;同时,它的另外一项任务是,发现新角色以及新职责。对于一项信息系统的引入来说,由于大多数信息系统旨在提高企业内部的效率和竞争力,故而在企业这级利益相关者往往不会有大的出入。

(二)分析 EMIS 系统的活动与规范

在分析得出企业级单元系统的利益相关者之后,这一步主要刻画合伙人眼中的企业运作方式,识别出单元系统在这一级别上的主要活动,并用规范描述。这里采用一维的实质—通信—控制子系统和非正式—正式—技术子系统两种结构化视角来寻找单元系统内存在的活动。在利益相关者中识别出来的所有活动都落入实质活动的范围之内。其中,科研活动属于非正式活动;临床医疗、护理、预防与保健、教学中的大部分活动有着相对明确的手册指南等来指导进行,因而属于正式活动;对于社区医院的日常运行来说,请求协助医疗和药剂供应、接收资金拨款等可通过技术子系统来完成。此外,完成实质活动需有必要的通信活动,如医院与其他利益相关者之间的通信等,大部分可通过正式子系统和技术子系统完成。同样,医院需要设定一系列的控制措施,如患者满意率和响应时间等,来保证实质活动完成质量的好坏和服务水平等,它们属于控制子系统。上述活动可组织为表 6.2。

表 6.2　EMIS 系统规范识别——企业级

类别	非正式子系统	正式子系统	技术子系统
实质子系统	科研	• 临床医疗 • 护理 • 预防与保健 • 教学	• 请求专业医疗协助 • 请求提供医用药剂 • 接收资金拨款
通信子系统	—	• 医院与患者和公众之间的通信 • 医院与 Lewisham 医院之间的通信	• 医院与患者和公众之间的通信 • 医院与 Lewisham 医院之间的通信 • 医院与药剂供应商之间的通信
控制子系统	—	监督社区医院的服务水平	—

对于识别出的活动，可用规范进一步完善表示，例如：

1）在 Rushey Green 社区医院，当注册患者提出就诊请求时，医院有义务（必须）为患者提供临床医疗服务。

2）在 Catford 社区，当患者提出护理需求时，Rushey Green 社区医院有义务为患者提供护理。

3）在 Catford 社区，Rushey Green 社区医院有义务为公众提供预防与保健服务。

4）在 Rushey Green 社区医院，当患者病情超出其专业能力时，医院有权利向 Lewisham 医院请求协助。

5）当存量不足时，Rushey Green 社区医院可向药剂供应商下订单。

6）在 Rushey Green 社区医院，当医护实习生提出实习请求时，Rushey Green 社区医院可以为其提供教学服务。

7）Rushey Green 社区医院可从事科研活动。

8）在检查合格后，每年年初，NHS 信托会有义务向 Rushey Green 社区医院拨款，以资助后者为社区提供医疗保健服务。

9）NHS 信托会有权利检查 Rushey Green 社区医院的医疗服务质量和水平。

这些规范并非看起来那样直接和明显，如英国政府对于"患者"的定义为：

在英国居住 6 个月以上的居民，都可以免费享受 NHS 医疗服务。只有明确这些基本的概念和范畴，明确每一个活动者的责任和义务，才会在为社区服务中提供更为清楚明确的医疗服务。

（三）识别 EMIS 系统实施所需要的资源和技能

EMIS 系统的实施需要一定的资源才能顺利实施。这些资源即特定的物理基础设施和技能等，其中，前者包括硬件设备、网络平台等，而后者则体现在具备相应技能的人员上，如安装上线和动员培训等。资源分析可按照支撑结构中的指导框架来组织和进行。在企业级，EMIS 系统实施所需要的资源的分析结果见表 6.3。

表 6.3 EMIS 系统支撑系统分析——企业级

周期	支撑系统	就绪目标
历史线	核心系统	运行中的 EMIS LV 版：医院人员处理日常业务
历史线	前承系统	EMIS PCS 版
历史线	后继系统	EMIS Web 版
运行周期	环境系统	● 医院员工 ● 患者 ● 公众 ● 医护实习生 ● Lewisham 医院系统 ● 药剂供应商系统
运行周期	输入系统	● 来自患者的临床医疗服务请求 ● Lewisham 医院返回的医疗处理结果
运行周期	输出系统	● 病历 ● 向 Lewisham 医院提出的医疗协助请求 ● 医用药剂订单
建设周期	资源系统	● 资金 ● 服务器、台式机等硬件设施 ● 网络平台
建设周期	建设系统	● 系统选型 ● 实施购买 ● 界面配置
建设周期	解体系统	● 系统下架 ● 软硬件处理
建设周期	维护系统	维护

续表

周期	支撑系统	就绪目标
启动周期	可用系统	刚购置的 EMIS
	上线系统	● 动员 ● 安装上线 ● 系统初始化 ● 培训
	下线系统	数据备份
备份周期	中止系统	● 通知通告 ● 数据保存
	备份系统	备份
	还原系统	系统还原

只有医院同时具备这些资源，EMIS 系统实施才具有成功的基础。以上识别出来的资源与技术将作为一个检查清单，以备实施过程中的检查。

（四）揭示企业级利益相关者对于 EMIS 系统的态度

这一步需要选择关键的利益相关者，分析他们对于 EMIS 系统的支持度。值得注意的是，这一步也之前的目的不同，它并非寻找就绪目标，而是挖掘利益相关者对于 EMIS 系统当前的看法。其中，公众和 Lewisham 医院对于新 EMIS 系统的评估最高，分别为 14 分和 12 分；医院合伙人这一系统的反响不错，药剂供应商和 NHS 信托会也都对新系统持欢迎态度，都打出了 11 分。各利益相关者对于每一分项结果见表 6.4。

表 6.4 EMIS 系统价值评估——企业级

方面	医院合伙人	公众	Lewisham 医院	药剂供应商	NHS 信托会	分项和
物质性	3	0	2	2	0	7
区分性	0	2	0	0	0	2
地域性	1	3	2	2	1	9
时间性	2	3	3	2	2	12
学习性	1	1	1	0	0	3

续表

方面	医院合伙人	公众	Lewisham 医院	药剂供应商	NHS 信托会	分项和
愉悦性	0	0	0	0	1	1
保障性	2	2	0	1	1	6
宜用性	−1	2	2	2	2	7
联合性	1	0	1	1	2	5
交互性	2	1	1	1	2	7
汇总	11	14	12	11	11	59

二、业务领域级的就绪状态分析

在本案例中，Rushey Green 社区医院的公共服务共有五个业务领域，本节只选取临床医疗一个领域作为示例。在提供临床医疗服务过程中，社区医院针对不同的情况制定的五种不同的业务流程，分别是：门诊流程、危重急症预处理流程、传染病处理流程、协调转诊流程和心理咨询流程等，它们组成了临床医疗单元系统的子系统，如图 6.2 所示。作为一个单元系统，它的目标是提供优质的临床医疗服务，起始时间同样在 2001 年左右，责任者为 Rushey Green 社区医院。

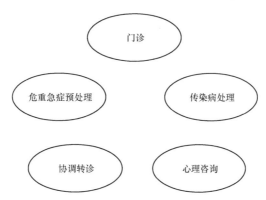

图 6.2　Rushey Green 社区医院临床医疗业务领域的子系统

为使系统顺利实施，医院需要从以下四个方面考虑和准备：

（一）识别临床医疗领域的利益相关者

这一步的主要任务在于识别与临床医疗单元系统的主要相关人员，分析出他们的角色与责任。这可以通过利益相关者识别技术辅助进行。医护人员作为一个整体是这个系统内的活动者，他们的主要责任与子系统划分对应，包括门诊、协调转诊、危重急症预处理与护理、传染病处理和心理咨询等。外部利益相关者，包括患者、Lewisham 医院、后勤部门、临床医疗主管和医院其他部门等，可按照利益相关者识别技术分类组织，如表 6.5 所示。

表 6.5 "临床医疗"利益相关者识别——业务领域级

角色	利益相关者	责任
活动者	● 医生 ● 护士	● 门诊 ● 协调转诊 ● 心理咨询 ● 危重急症护理与预处理 ● 传染病处理
客户	患者	—
提供者	● Lewisham 医院 ● 后勤部门	● 协助提供专业医疗服务 ● 提供医用药剂
协调者	临床医疗主管	协调资源等使用
管理者	临床医疗主管	监督和管理临床医疗领域的运作
旁观者	医院内其他部门	—

EMIS 系统的成功实施要求 Rushey Green 医院在临床医疗领域明确以上的利益相关者角色和责任配置要求。

（二）分析临床医疗的活动与规范

这一步的主要任务是识别活动和提取规范，分析 EMIS 系统实施在临床医疗领域的就绪目标。这里采用系统构成和规范分析技术。利益相关者识别出的活动大多属于实质子系统。其中，心理咨询属于非正式子系统；门诊、协调转诊、重症护理与预处理、传染病处理属于正式子系统；请求专业医疗服务和医用药剂可通过技术子系统来实现。医院与患者之间的通信、医院与 Lewisham 医院之间的通信属于通信子系统。医院临床医疗主管对于临床医疗活动的监督和控制属于控制子系统。分析结果见表 6.6。

表 6.6 "临床医疗"规范识别——业务领域级

类别	非正式子系统	正式子系统	技术子系统
实质子系统	心理咨询	• 门诊 • 协调转诊 • 重症护理与预处理 • 传染病处理	• 请求提供专业医疗服务 • 请求提供医用药剂
通信子系统	—	医院与患者之间的通信	• 医院与患者之间的通信 • 医院与 Lewisham 医院之间的通信 • 医院与后勤部门之间的通信
控制子系统	—	• 协调资源使用 • 监督临床医疗领域的运行	—

对于识别出的活动,可用进一步提取其规范,例如:

1)在 Lewisham 社区医院,当患者前来就诊时,医生有义务为其出诊。

2)在 Lewisham 社区医院,当患者病情超出社区医院的专业能力时,医生有义务与 Lewisham 医院为其协调转诊。

3)在 Catford 社区,当患者出现危重急症时,医生和护士有义务为其提供预处理和护理。

4)在 Catford 社区,当出现传染病流行时,医生和护士有义务为患者提供处理。

5)在 Lewisham 社区医院,当医用药剂出现短缺时,医生可以通过 EMIS 系统向后勤部门提出补充请求。

6)在 Lewisham 社区医院,当出现不能处理的检查和化验时,医生可以通过 EMIS 系统向 Lewisham 医院请求协助。

同样,这里一方面是为了描述医院的运行状态,另一方面也意在识别新活动及新规范,为 EMIS 系统实施的就绪做准备。

(三)识别 EMIS 系统在临床医疗领域需要的技能和资源

这一步主要识别临床医疗单元系统所需要的资源和技能,分析 Rushey Green 社区医院在资源配置方面的就绪目标。这一分析结果见表 6.7。

表 6.7 "临床医疗"支撑系统分析——业务领域级

周期	支撑系统	就绪目标
历史线	核心系统	运行中的 EMIS LV 版：医院人员处理临床医疗业务
历史线	前承系统	EMIS PCS 版
历史线	后继系统	EMIS Web 版
运行周期	环境系统	• 医生 • 患者 • Lewisham 医院系统 • 后勤部门
运行周期	输入系统	• 患者临床医疗请求 • Lewisham 医院返回的化验和检查结果
运行周期	输出系统	• 病历 • 向 Lewisham 医院提出的协助医疗请求 • 日常医用药剂请求
建设周期	资源系统	• 个人电脑等硬件设施
建设周期	建设系统	• 系统选型 • 实施购买 • 界面配置
建设周期	解体系统	• 系统下架 • 软硬件处理
建设周期	维护系统	维护
启动周期	可用系统	刚购置的 EMIS
启动周期	上线系统	• 动员 • 培训 • 安装上线 • 系统初始化
启动周期	下线系统	数据备份
备份周期	中止系统	• 通知通告 • 数据保存
备份周期	备份系统	备份
备份周期	还原系统	系统还原

在临床医疗领域，社区医院只有具备上述资源与技术时，方才为 EMIS 系统

的实施准备就绪。

（四）揭示临床医疗领域利益相关者对于 EMIS 系统的态度

这一步的目的在于获取临床领域的利益相关者对于 EMIS 系统的态度。与企业级的做法相同，采用价值评估技术分析。同样需要注意的是，这里反映当前对于 EMIS 系统的认知与评估，而非就绪状态的态度。其中，医生的评价最高，达到 15 分；临床医疗主管和后期部门也都打出了 12 分的高分，表示认同和支持 EMIS 系统。患者和护士在这一级别对于新 EMIS 系统的评估为 10 分。每一分项结果见表 6.8。

表 6.8 "临床医疗"价值评估——业务领域级

方面	医生	护士	患者	后勤部门	临床医疗主管	分项和
物质性	0	0	0	0	1	1
区分性	2	2	1	0	1	6
地域性	2	1	3	3	2	11
时间性	3	0	3	3	2	11
学习性	2	2	-1	1	1	5
愉悦性	1	1	0	1	0	3
保障性	2	1	2	2	1	8
宜用性	0	0	1	2	2	5
联合性	2	1	0	2	1	6
交互性	1	2	1	-2	1	3
汇总	15	10	10	12	12	59

三、业务流程级的就绪状态分析

在 Rushey Green 社区医院，一共有数十个不同的业务流程分布在它的五个业务领域内。为示意效果，本书仅从临床医疗领域中选择门诊流程作为代表。门诊流程包括注册、预约、诊治、转诊等活动，后者构成了门诊流程的子系统，如图 6.3 所示。作为一个单元系统，它的目标是为患者提供优质的门诊服务，它的起始时间同样在 2001 年,责任者为 Rushey Green 社区医院。

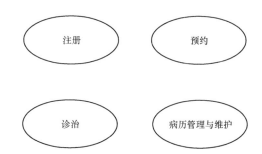

图 6.3　Rushey Green 社区医院门诊流程级子系统

(一)识别门诊流程中的利益相关者

在 EMIS 系统中,一条就诊流程涉及以下主要利益相关者:医生、护士、接待人员和数据协调员是门诊服务的主要提供者。后勤部门为医护人员提供后勤保障和支持。门诊主管负责协调就诊安排、管理和监督医护人员的工作。社区医院的其他部门作为旁观者,并不受门诊流程直接影响。门诊流程的利益相关者分析结果如表 6.9 所示。

表 6.9　"门诊"利益相关者识别——业务流程级

角色	利益相关者	责任
活动者	● 医生 ● 护士 ● 接待人员 ● 数据协调员	● 注册 ● 预约 ● 诊治 ● 病历管理与维护
客户	患者	—
提供者	后勤部门	供应医用药剂等
协调者	门诊主管	协调门诊医务活动
管理者	门诊主管	监督管理医护人员的工作
旁观者	医院其他部门	—

上表中所描述的角色与责任分配是 EMIS 系统对于 Rushey Green 社区医院的人员要求,也是 EMIS 系统实施的就绪目标。

（二）分析门诊流程中的活动与规范

在流程一级，大部分工作变得正式且有章可循，不再依赖于非正式系统。利益相关者分析中识别出的大部分活动隶属于实质子系统。其中，注册、预约和诊治属于正式子系统，病历管理与维护和部分预约工作被完全形式化并交给技术子系统。医院与患者之间的通信属于通信子系统。门诊主管对于门诊活动的监管则属于控制子系统。分析结果如表6.10所示。

表6.10 "门诊"规范识别——业务流程级

类别	非正式子系统	正式子系统	技术子系统
实质子系统	—	• 注册 • 预约 • 诊治	• 预约 • 病历管理与维护
通信子系统	—	与患者之间的通信	与患者之间的通信
控制子系统	—	监督管理门诊活动	—

对于识别出的活动，可用进一步提取背后的规范，例如：

1）在Lewisham社区医院，当患者前来注册时，接待人员有义务为其注册。

2）在Lewisham社区医院，当患者提出诊治请求时，接待人员有义务为其预约医生。

3）在Lewisham社区医院，当患者前来就诊时，医生有义务为其出诊。

4）在Lewisham社区医院，数据协调员有义务管理和维护患者的病历。

（三）识别EMIS系统在门诊流中需要的技能和资源

医院需要配置相应的资源和技能来保证信息系统的门诊流程模块正常运行。这其中可能包括一些特殊的资源，如为医生配备扫描仪和专门的打印模板等。门诊流程所需要的资源配置目标见表6.11。

表6.11 "门诊"支撑系统分析——业务流程级

周期	支撑系统	就绪目标
历史线	核心系统	运行中的EMIS LV版–门诊流程
	前承系统	EMIS PCS版
	后继系统	EMIS Web版

续表

周期	支撑系统	就绪目标
运行周期	环境系统	• 医护人员 • 患者
	输入系统	就诊预约
	输出系统	• 医嘱 • 转诊证明
建设周期	资源系统	• 个人电脑 • 打印机 • 扫描仪 • 定制打印模板
	建设系统	界面配置
	解体系统	—
	维护系统	维护
启动周期	可用系统	刚购置的 EMIS
	上线系统	• 对医护人员关于 EMIS 系统使用的培训 • 系统初始化
	下线系统	数据备份
备份周期	中止系统	• 通知通告 • 数据保存
	备份系统	备份
	还原系统	系统还原

（四）揭示门诊流程利益相关者对于 EMIS 系统的态度

这一步主要获取和分析门诊流程的利益相关者对于 EMIS 系统的当前（未必是就绪状态下）的支持度，所采用的方法同样为价值评估技术分析。其中，患者和医生对新系统的支持度最高，分别为 17 分和 14 分，门诊主管和数据协调员对 EMIS 系统内的流程也表示满意，分别为 12 分和 11 分。各利益相关者每一分项的结果见表 6.12。

表 6.12 "门诊"价值评估——业务流程级

方面	医生	数据协调员	患者	门诊主管	分项和
物质性	0	0	0	1	1
区分性	2	3	3	0	8
地域性	1	3	3	2	9
时间性	2	0	3	2	7
学习性	3	2	2	1	8
愉悦性	2	3	1	1	7
保障性	3	3	2	2	10
宜用性	0	0	2	1	3
联合性	1	−3	0	1	−1
交互性	0	0	1	1	2
汇总	14	11	17	12	54

四、功能级的就绪状态分析

在业务功能级，Rushey Green 社区医院有着数以百计的业务功能。本节选取门诊中的预约业务作为分析对象，并不再划分子系统。作为一个单元系统，它的目标为患者就诊预约，起始时间为 2001 年，责任者为 Rushey Green 社区医院。

（一）识别预约活动中的利益相关者

在 EMIS 系统中的预约管理中，接待室人员是主要活动者，他们接听患者的预约电话、接受网上预约或者人工预约。医生提供出诊时间段以供患者选择。门诊主管监督和管理预约工作。预约业务的利益相关者分析结果见表 6.13。

表 6.13 "预约"利益相关者识别——功能级

角色	利益相关者	责任
活动者	接待室人员	处理患者预约
客户	患者	—
提供者	医生	提供出诊时间段

续表

角色	利益相关者	责任
协调者	门诊主管	协调出诊安排
管理者	门诊主管	监督管理预约工作
旁观者	医院其他部门	—

（二）分析预约功能中的规范

对于大部分预约工作，其技术化得更为彻底。其中，协调出诊安排属于正式子系统，而预约处理和提供出诊时间都可交与技术系统来完成，医院与患者之间的通信属于通信子系统，门诊主管对于预约活动的监督和管理属于控制子系统。分析结果见表6.14。

表6.14 "预约"规范识别——功能级

类别	非正式子系统	正式子系统	技术子系统
实质子系统	—	协调出诊安排	● 处理预约 ● 提供出诊时间段
通信子系统	—	与患者之间的通信	与患者之间的通信
控制子系统	—	监督管理预约活动	—

对于识别出的这些活动，可进而提取其背后的规范作为EMIS系统实施的就绪目标，例如：

1）在Rushey Green社区医院，当患者提出预约请求时，接待人员有义务处理此预约。

2）在Rushey Green社区医院，医生有义务安排出诊时间。

3）在Rushey Green社区医院，当出诊时间短缺或者冲突时，门诊主管有义务协调出诊安排。

4）在Rushey Green社区医院，门诊主管有义务监督和管理预约活动。

（三）识别EMIS系统在预约功能中需要的技能和资源

对于提供预约服务的信息系统模块而言，需要一些专门的技能和资源配备以保证预约工作的顺利进行。对此，识别出的资源配置情况见表 6.15。

表 6.15 "预约"支撑系统分析——功能级

周期	支撑系统	就绪目标
历史线	核心系统	运行中的 EMIS LV 版—患者预约
	前承系统	EMIS PCS 版
	后继系统	EMIS Web 版
运行周期	环境系统	● 接待室人员 ● 患者 ● 电话预约系统
	输入系统	预约请求
	输出系统	预约结果
建设周期	资源系统	个人电脑
	建设系统	界面配置
	解体系统	—
	维护系统	维护
启动周期	可用系统	刚购置的 EMIS
	上线系统	● 培训 ● 系统初始化
	下线系统	数据备份
备份周期	中止系统	● 通知通告 ● 数据保存
	备份系统	备份
	还原系统	系统还原

（四）揭示预约利益相关者对于 EMIS 系统的态度

这一步主要通过访谈获得"预约"的主要利益相关者对于 EMIS 系统的当前（非就绪状态下）的支持度。同样，采用价值评估技术分析。从访谈结果来看，对于这一改变总体比较满意。其中，患者和门诊主管对于系统的支持度达到 17，接待室人员的接受度也达到了 15，医生的支持度达到 12。每一分项结果见表 6.16。

表 6.16 "预约"价值评估——功能级

方面	接待室人员	患者	医生	门诊主管	分项和
物质性	1	0	0	1	2
区分性	1	3	0	1	5
地域性	3	3	3	2	11
时间性	3	3	3	2	11
学习性	2	2	0	2	6
愉悦性	1	1	1	1	4
保障性	2	2	0	2	6
宜用性	2	2	2	2	8
联合性	0	0	2	2	4
交互性	0	1	1	2	4
汇总	15	17	12	17	61

由于数据级别涉及很多技术细节，其最大用武之地在于医院信息系统甫一实施，医院尚需收集、清理和整合来自不同源头的数据的阶段。对于新信息系统的实施来说，它是一项十分重要的工作。在本案例中，由于系统已经实施相当一段时间，数据已经完全整合，因此不再做数据层面的分析。

第四节 结果讨论

一、对比与分析

至此，我们可以开始检查问题明晰方法是否覆盖了 EMIS 系统实施的关键环节。在本案例中，我们将就绪目标作为检查清单，与过往实施过程中和当前正在进行中的活动逐项核对比较，检查医院在实施过程中有无疏漏之处。

首先，在资源方面，从四个级别的支撑系统分析中可发现问题如下：由于当时并未准备备份系统，致使系统在使用中途曾因一次系统故障后所有服务无法正常使用，所有数据也无法追回，给医院造成很大的损失。虽然在院方看来，这是由数据集中处理之后的一个负面后果，但从问题明晰方法的角度，它是由于没有对备份周期的工作周全安排所致。

其次，在组织结构方面，在业务流程级我们发现，由于 EMIS 系统的引入，医院中出现了新的"数据协调员"一职，负责"病历管理与维护"。在实施 EMIS 系统之前，病历档案的管理是一项艰巨的任务，不仅需要一间专门的档案室存放病历案宗，还需要两到三个人专门负责其维护工作。即使这样，工作中还经常出现差错。在实地采访过程中，曾专门参观其病历库，一间大房间里数十个可伸缩的架子上摆满了病历，可以想象当时工作的艰辛。在系统实施过程中，医院根据系统的要求，增设了"数据协调员"的职位。在此之后，病历案宗管理的工作方式得到改变，所有的病历数据都被录入存储在一个中央数据库中，由一个数据库工程师负责，维护全院所有 9 000 余人的病历。这个数据工程师的角色——数据协调员代替了以前两到三个人的工作，完成效果更佳，大大节省了成本。

再次，在业务流程方面，EMIS 系统的引入要求打破部分原有流程，在新的业务模型下进行流程的重组。例如，通过对比 EMIS 系统中的就诊流程与原有就诊流程不难发现：在实施 EMIS 系统之前，患者首先需要亲自到医院预约，然后在约定的日期到达医院，在接待处提取自己病历档案，再带着病历档案赴诊。就诊过程中，医生对患者诊治并将医嘱写入病历档案。就诊后，病人交还给接待处存档。整个过程需要经历五个步骤。在 EMIS 实施以后，门诊流程被精简为两个步骤，患者只需要先在网上预约，然后在指定的时间到达医院看医生即可，其余的所有步骤均交与了技术系统，大大简化了患者的就诊流程。

第二个业务流程调整例子与协调转诊过程相关。在实施 EMIS 系统之前，医生为患者联系转诊需要经历一个漫长的过程。首先，医生撰写转诊推荐信，然后将之寄出，并等待对方回信。在收到对方同意安排之后，医生通知病人在指定的时间前去就诊。从联系转诊到前去就诊，整个过程需要花费至少一周甚至几周的时间。在引入 EMIS 系统之后，借助于与 EMIS 与 Lewisham 医院的 Find&Book 系统的互联，患者可即时获知转诊预约的结果，而径直前去就诊。EMIS 系统为患者节省了宝贵的时间，患者无须再等待数天，大大缩短了转诊的等待时间，提高了服务效率和质量。

此外，举一个关于业务（功能）方式上改进的例子如预约管理。在实施 EMIS 系统之前，接待人员需要为每个前来预约的患者填写一个记录；随后与医生预约时间，更新记录；在患者就诊当天，从记录簿中查找记录，引导病人就诊。在引入 EMIS 系统之后，不再需要纸质记录，所有的预约信息都存储在 EMIS 系统的数据库中，节省了时间和成本。

最后，在员工态度方面，由于所测得的数据反映医院员工当前对于 EMIS 系统的态度，各个级别的评估表格集体呈现正值的趋势说明员工对于 EMIS 的支持。数值越高，支持度也就越高。正如一位员工所说，"我们已经离不开它（We cannot live without it）"了，EMIS 系统已经成了工作的一部分。

就目前来说，由于上述发现的大部分问题已经得到解决，社区医院正在平稳运行。从上述讨论中可以看出，问题明晰方法识别出的列表系统涵盖了实施过程中的关键环节，能够覆盖系统顺利实施所需要的基础结构情况。问题明晰方法能够达到有效分析系统实施就绪性的目的。

二、意见反馈

Rushey Green 社区医院的系统工程师对于此案例以及分析的结果做出了总体上积极正面的评价。她认为，问题明晰方法能够在相对短的时间内得到较好的分析结果。这主要受益于，问题明晰方法提供了一套清晰的关于待检查事项的列表，分析人员可以以此为纲同医务人员面对面地讨论，讨论中得到的数据又可以存储于问题明晰方法的 CASE 工具中，以备日后查找和检索。

在这个案例分析的过程中，单元系统分析技术采用企业架构的视角，能够自然地引导出利益相关者分析，可以容易地识别出利益相关者。在支撑系统分析的帮助下，分析人员可以仔细检查实施的每个技术方面，尤其是系统工程师们的任务分配，这一点对于系统实施很有帮助。系统构成技术提供了一个不断分解子系统的工具。她认为，在制定短期和中期信息规划时，系统构成技术中的实质子系统可以结构化地分解为非正式、正式和技术活动。控制子系统的结构可以用作中期规划。价值评估技术对于估量习惯和价值的形成具有指导意义。她还同时指出了价值评估技术在应用中暴露出的问题，即问卷的设计应该更贴近于用户的语言，方便用户的理解，否则将无法准确得到用户对于系统的态度。

不仅系统工程师，Rushey Green 社区医院的其他工作人员也在一直强调，EMIS 系统的实施是一个不断演进的过程。社区医院在成长，EMIS 也在成长；二者互相学习，取长补短。EMIS 从医院处获得用户的体验和需要，进而改进系统使之更贴近用户；另一方面，可以说，医院是在对 EMIS 系统适应的基础上逐渐成长起来的。根据规划，Rushey Green 社区医院在不久的将来准备升级到 EMIS 网络版，届时可能将集成进更多的功能和特性，对此，医院工作人员正翘首期待着。

第七章
国内某医院信息系统实施的就绪性研究

上一章提过，医疗改革的大潮在全球范围内风起云涌。美国正在努力冲破重重阻力，建立一套惠及全民的医疗保险体系；英国对于如何提高医疗系统的效率争论不休，中国的医疗改革刚刚找准方向，医改方案逐步出台，但8 500亿元人民币[143]的投入预算无论如何都不是一个小数目。本章选择的案例正是在我国医药卫生体制改革这样一个大背景之下。

本书无意探讨医疗体制的改革方向，但其中非常明确的一点是，在此大背景下，当前的医疗改革势必结合信息技术的发展，医疗信息化已经是大势所趋，医疗组织内正在掀起一场根本性技术变革。作为医疗组织的主体之一，各大医院已经开始了信息化建设的进程，纷纷建立了医院信息系统。这些信息系统从早期的单机单用户应用阶段，到部门级和全院级管理信息系统应用；从以财务、药品和管理为中心，到开始向以病人信息为中心的临床业务支持和电子病历应用；从局限在医院内部应用，发展到区域医疗信息化应用尝试。随着医院信息系统应用不断地向纵深推进，其范围也从侧重于经济运行管理逐步转向临床应用、管理决策应用。医院信息化已经成为医疗活动中必不可少的支撑手段，成为医院业务运行中必不可少的基础性设施。

我国医院信息化正处于一个加速发展的时期，现在到了一个新的关口。一般认为，医院信息化可大致分为医院管理信息化、临床信息化和局域医疗信息化三个阶段。医院信息化的目标是以病人信息的共享为核心，实现医院各科室之间，乃至医院之间，医院与社区、医疗保险和卫生行政等部门的信息共享，最大限度地方便病人就医、方便医护人员工作以及各类管理人员分析决策。目前，虽然我国各大医院建成了不同的医院信息系统应用，但这些应用大多局限于单独的部门和领域之中，彼此无法联通，距离真正的医院信息化仍有不小差距。因此，加快系统集成、向临床信息化迈进成为中国医疗信息化领域当前最为迫切的任务。它也正是本章调研的医院当前的首要任务。在这样一个背景下，本案例的初衷在于分析医院的基础结构情况，检查医院对于集成系统的就绪性。

本章的组织方式如下：第一节介绍国内某大型医院的背景、现状以及当前的信息系统需求。第二节将应用问题明晰方法分析这家医院对于新信息系统的准备就绪状态，分析差距，并提出若干改进建议。结合上一个案例分析，第三节将给出问题明晰方法在医院基础结构分析中的应用指南。第四节将讨论该医院对于本案例分析的反馈意见，并总结问题明晰方法在两个案例中的应用。

第一节　某医院的背景

本案例调研的医院是一家综合性的国家三级甲等医院。该医院专业学科齐全，诊疗技术先进，医疗设备现代，生活设施完善。医院具有高级专业技术职务的专家 180 人，博士生和硕士生导师 34 人，三级以上专家 6 人。医院共设有 30 余个专业科室和 1 700 余张床位。截至目前，这家医院已经初步建成数字化医院。现有医院信息系统包括门诊信息系统、临床信息系统、手术麻醉系统、药品管理系统、住院管理系统、办公自动化系统、管理支持系统、电教中心系统、电子医务等 9 个大类 50 余个子系统，覆盖医务和管理活动中的各个方面，为医院的日常活动提供了便利。然而，与我国医院信息化大格局相对应的是，直到最近，这些系统的大部分仍然独立运行、互不联通，大大制约了医院的服务水平。

作为典型的信息密集型组织，医院每天需要处理大量的信息，这些信息需要在不同的部门和人员间共享、传递与交换。因此，医院信息系统集成是该医院的迫切需求。具体而言，它需要集成医院内部各信息系统应用，以形成一个功能模块涵盖门诊及其相关辅助科室、病房和行政管理等多个部门、全方位覆盖医院业务流程的规模化和集成化的医院信息系统，提供更为迅捷优质的医疗服务。

医生工作站是临床信息的源头，也是医院信息系统中的核心部分。它与各个临床信息系统进行双向沟通，协助医生完成日常医疗活动和事务工作，包括支持医生处理医嘱、病历、检查、检验、诊断、处方、治疗处置、手术、收入院等诊疗活动，同时支持查看文字或者图像的检查结果、药品信息查询、器材管理、医技报告查询、统计、远程会诊等功能。因此，该医院选择医生工作站作为医院信息系统集成的一个切入点，希望以医生工作站集成为龙头，为后续的系统集成奠定一个框架。本案例研究将采用问题明晰方法分析这家医院对于医生工作站集成的准备情况。

第二节 医院信息系统集成平台的就绪性分析

尽管医院对于系统集成有些迫不及待，系统集成的项目也正处于紧张地论证和集成平台提供商考察的阶段，但是我们仍然不禁要问：医院为系统集成准备好了吗？医院是否会最大限度地发挥系统集成的效用？

本案例的总体思路是，从医院全局出发，首先识别出医院基础结构中的主要元素，逐步分析出系统集成对于医院的各方面要求。然后通过与医院现状的对比，生成医院对系统集成的就绪度报告，最后提出改进的若干建议。技术上，我们用单元系统和支撑系统技术为整体问题划定结构，并识别分析出集成系统对于资源的要求；然后用利益相关者、系统构成和规范分析识别并分析系统集成对于医院中的人与业务的要求，再用价值评估技术分析出利益相关者对于集成系统的态度。

本章将重点讨论单元系统层次结构中的两层：企业层和流程层。这是由于，企业层涉及面最广也最重要。流程层则最为贴近医生工作站的业务，有利于分析业务流程上的准备。由于众多业务系统已经运行多年，大多在功能级别提供业务支持并相对成熟，因此功能及数据方面的准备将不作为重点讨论。

一、集成平台就绪性分析

本节采用问题明晰方法分析医院信息系统集成所需要的组织基础结构特征。首先，单元系统识别帮助划分结构。利用单元系统的层次体系，可将医院的业务划分为五个层次，每个层次又可分为若干单元。具体而言，先从全院的角度审视系统集成，进而将其分为医务、护理、院务等业务领域。每个业务领域包含若干业务流程，如医务领域中包括门诊、急诊和住院诊疗流程；护理领域包括护理流程等；院务领域包括绩效评估流程等。流程进一步由各临床和辅助科室提供的功能组成，典型的功能如预约挂号、检查、化验、诊治、查询统计等，供门诊、住院诊疗、管理等流程共享。各功能单位需要相应的数据支持，包括各种表格和单据等。医院的业务结构如图7.1所示。本案例中，我们在每层选择一个典型的代表来示范分析的过程，并将同时分析当前状态和就绪目标下的基础结构情况。

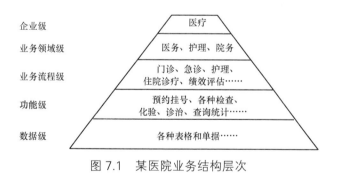

图 7.1　某医院业务结构层次

（一）企业级视角——集成系统的就绪性

企业级视角是从整个医院的角度来看医院的基础结构情况，判断医院是否为医院信息系统集成准备就绪。这里分析的对象是医院信息系统的集成平台。问题明晰方法将从医院领导的角度来对资源配置、人员部署、业务流程和员工支持度四个方面逐项检查。

1. 识别集成系统所需要的资源

首先从集成系统的资源配置情况入手,分析医院信息系统集成的准备情况。这里采用支撑系统分析技术来识别出当前和就绪目标所要求的资源和技能。在医院一级,院方需要为系统配置的资源包括建设周期的资金投入以及启动周期的实施团队等。为保证系统集成顺利实施,医院还需要进行一些基本设施投资,如网络升级、服务器升级和扩容等。其他的基础设施需求情况见表7.1。

表 7.1 "集成系统"支撑系统分析——企业级视角

周期	支撑系统	现有资源	需要的资源
历史线	核心系统	孤立的医院信息系统	集成的医院信息系统
	前承系统	手工系统	独立的医院信息系统
	后继系统	集成的医院信息系统	(目前未知)
运行周期	输入系统	—	● 医保信息 ● 患者转院申请
	输出系统	● 各种报告 ● 订单	● 各种报告 ● 订单
	环境系统	● 医院工作人员 ● 患者	● 医院工作人员 ● 患者 ● 药品供应商系统 ● 器材供应商系统 ● 医保系统 ● 兄弟医院
建设周期	建设系统	信息科	● 集成平台选型 ● 实施购买 ● 界面配置
	解体系统	信息科软件组、硬件组	● 系统下架 ● 软硬件处理
	维护系统	信息科软件组	系统维护
	资源系统	● 资金(金额:1 700万元) ● 硬件设施 ● 光纤网络 ● 安全设备	● 资金(预算:1 700万元) ● 硬件设施 ● 光纤网络 ● 安全设备

续表

周期	支撑系统	现有资源	需要的资源
启动周期	上线系统	• 信息科软件组、开发组 • 集成提供商的实施团队	• 动员 • 培训 • 安装上线 • 系统初始化
	下线系统	信息科软件组、硬件组	数据备份
	可用系统	（暂无）	刚购置的系统集成平台
备份周期	中止系统	信息科软件组	• 通知通告 • 数据保存
	还原系统	信息科软件组	系统还原
	备份系统	信息科软件组、硬件组	备份

经过对比测算，在医院这一级别的就绪级别为：22/33×10=6.67，目前仍处于"启动与实施"阶段。

2. 识别集成系统的主要相关人员

接下来，通过利益相关者识别技术，找出在医院一级集成系统的利益相关者及其角色和责任。与资源分析相同，这一步同时分析当前和就绪目标状态下的利益相关者分布情况。分析结果见表 7.2。

表 7.2 "集成系统"利益相关者识别——企业级视角

角色	当前状况		就绪目标	
	利益相关者	责任	利益相关者	责任
活动者	工作人员	提供医疗服务	医护人员	提供医疗服务
客户	患者	—	患者	—
提供者	• 药品供应商 • 器材供应商 • 医疗保险公司 • 银行 • 兄弟医院	• 提供药品 • 提供器材 • 提供医保信息 • 提供财务信息 • 接受转院申请	• 药品供应商 • 器材供应商 • 医疗保险公司 • 银行 • 兄弟医院	• 提供药品 • 提供器材 • 提供医保信息 • 提供财务信息 • 接受转院申请

续表

角色	当前状况		就绪目标	
	利益相关者	责任	利益相关者	责任
协调者	—	—	—	—
管理者	上级主管部门	● 管理 ● 监督、检查	上级主管部门	● 管理 ● 监督、检查
旁观者	兄弟医院	—	兄弟医院	—

在全院这一级别，利益相关者结构相对完善，种类比较齐全，因此，医院的就绪度级别为最高级别，处于"专业化状态"。

3. 识别集成系统中的业务活动与规范

这一步的主要目的在于分析识别当前以及就绪目标状态下的主要业务活动与规范。通过系统构成技术对医院一级的业务活动进行归类和结构化，抽取出医院的主要业务流程和规范。

在集成平台实施之前，医疗护理服务分布于正式子系统和技术子系统内。医保信息和患者财务信息的获取由于需要患者查询、打印并亲自带到医院，因而落在正式系统范围内。同样，药品和器材的采购活动也需要通过正式子系统来完成。医院与患者和药品、器材供应商之间的交流主要通过非正式子系统和正式子系统完成，见表7.3。

表7.3 "集成系统"业务活动与规范识别——企业级视角（当前）

类别	非正式子系统	正式子系统	技术子系统
实质子系统	—	● 提供医疗护理服务 ● 获取医保信息 ● 获取财务信息 ● 采购药品 ● 采购器材 ● 为患者协调转院	提供医疗护理服务

续表

类别	非正式子系统	正式子系统	技术子系统
通信子系统	● 与患者之间的交流 ● 与药品供应商之间的交流 ● 与器材供应商之间的交流	● 与药品供应商之间的交流 ● 与器材供应商之间的交流	—
控制子系统	上级主管部门监督、检查、指导	—	—

在集成平台实施之后,医保信息和相关财务信息的获取则不必通过患者去开具,而直接通过系统的验证。药品和器材的采购活动也将转移至技术子系统完成。分析结果见表7.4。

表7.4 "集成系统"活动与规范识别——企业级视角(就绪)

类别	非正式子系统	正式子系统	技术子系统
实质子系统	—	● 提供医疗护理服务 ● 为患者协调转院	● 提供医疗护理服务 ● 获取医保信息 ● 获取财务信息 ● 采购药品 ● 采购器材
通信子系统	—	● 与药品供应商之间的交流 ● 与器材供应商之间的交流	● 与药品供应商之间的交流 ● 与器材供应商之间的交流
控制子系统	上级主管部门监督、检查、指导	—	—

经比较可以看出,集成平台的引入将自动化医保和财务信息的获取,规范化管理医院与供应商之间的联系。这些规范化的管理可进一步提取成规范的形式,如:

1)在某医院,当患者提出就诊申请时,医院有义务提供医疗护理服务。

2)在某医院,当器材或者药品出现短缺时,医院需要采购补充器材和药品。

3）在某医院，医院与患者之间通过技术系统进行通信。

4）在某医院，当患者需要转院时，医院与兄弟医院协调为患者转院。

5）在某医院，上级主管部门有义务管理和监督医院的服务水平。

经计算，医院在全院级别的业务规范方面的就绪度级别为 6/12×10=5，处于"启动与实施"状态。

4. 识别相关人员对于集成系统的接受度

有了之前识别出的关键利益相关者，这一步通过价值评估技术来提取他们对于集成平台的接受程度。需要清楚的是，此时分析的是利益相关者对于集成平台当前的态度。其中，供应商和医院领导对于集成平台的评估最高，分别为 14 分和 12 分；主管部门对于这一平台比较支持，打出了 9 分；相比之下，患者对于集成平台似乎有些无动于衷，仅给出了 2 分。这可能是由于集成平台对于患者的影响并不太大。各利益相关者对于每一分项结果见表 7.5。

表 7.5 "集成系统"价值评估——企业级视角

方面	医院领导	患者	供应商	主管部门	分项和
物质性	1	1	0	0	2
区分性	0	0	1	0	1
地域性	3	1	3	2	9
时间性	3	2	3	3	11
学习性	1	0	1	0	2
愉悦性	0	0	1	0	1
保障性	0	−2	−2	0	−4
宜用性	3	0	3	1	7
联合性	0	0	2	2	4
交互性	1	0	2	1	4
汇总	12	2	14	9	37

在员工态度方面，医院当前的就绪度级别为：{37−[−（30×4）]}/{（30×4）−[−（30×4）]}×10=6.54，因而，对应的就绪度为"启动与实施"。

因此，在医院级别，医院对于集成系统的就绪度级别为（6.67+9+5+

6.54）/4=6.80，对应于"启动与实施"状态。

按照问题明晰方法的既定分析路线，在完成医院这一最高级别的分析之后，接下来应对医务、护理、院务等业务领域逐个进行分析。例如，对于医务领域级的分析是从医务部领导的角度分析医务部需要做出哪些准备以迎接临床信息系统的集成。因此，这一步关注的对象是医院内的临床信息系统。它包含众多流程，包括急诊、门诊、住院诊疗等。每个流程都十分复杂，由专门的信息系统支持。对于这些流程和系统的集成，需要按照既定的优先次序，分批次地集成，而不可能一次完成。其中，住院诊疗流程处于核心地位，因此在本案例调研的医院决定首先集成住院诊疗流程及其对应的住院医生工作站。故而本书在此略过医务领域级的讨论，直接转到对住院诊疗流程集成的分析与讨论。

（二）业务流程级视角——住院诊疗的就绪性

业务流程级视角是从主任医师的视角审视医院的基础结构情况，判断临床科室和其他辅助科室是否为医生工作站系统的集成准备就绪。这一层次分析的对象是医生工作站。同样，分析将从技术、人员、业务和员工的支持度四个方面来进行。

1. 识别医生工作站集成系统所需要的资源

与在全院级别相同，医生工作站作为一个技术系统，其实施需要考虑一系列的资源与技能是否到位。因此，首先利用支撑结构技术来分析住院诊疗流程的资源配置情况及就绪目标，如表 7.6 所示。

表 7.6 "住院诊疗"支撑系统分析——业务流程级视角

周期	支撑系统	现有资源	需要的资源与技术
历史线	核心系统	尚未联通的医生工作站	集成的医生工作站
	前承系统	手工系统	尚未联通的医生工作站
	后继系统	集成的医生工作站	（目前未知）
运行周期	输入系统	患者信息	● 门诊传来的患者信息 ● LIS、PACS 等医技系统传来的报告 ● 住院收费的价格信息 ● 药房系统传来的药品信息 ● 医保系统传来的医保信息

续表

周期	支撑系统	现有资源	需要的资源与技术
运行周期	输出系统	医嘱	医嘱
	环境系统	● 医生 ● 患者 ● 护士工作站	● 医生 ● 患者 ● 护士工作站 ● 门诊系统 ● 药房系统 ● 住院收费系统 ● 各医技管理系统，包括手术麻醉系统、体检管理系统、医卡通系统、检验系统（LIS）、血库管理系统、输液配置中心、影像存储与传输系统（PACS） ● 医保系统 ● 办公自动化系统
建设周期	建设系统	—	界面配置
	解体系统	—	—
	维护系统	信息科软件组	维护
	资源系统	—	—
启动周期	上线系统	● 信息科软件组、开发组 ● 集成平台提供商实施团队	● 动员 ● 培训 ● 系统配置 ● 系统初始化
	下线系统	信息科软件组、硬件组	数据备份
	可用系统	—	刚购置的系统集成平台
备份周期	中止系统	信息科软件组	● 通知通告 ● 数据保存
	还原系统	信息科软件组	系统还原
	备份系统	信息科软件组、硬件组	备份

经过对比测算，在住院诊疗这一级别的就绪级别为：$15/36 \times 10 = 4.17$，因此，它的就绪度为"规划与准备"状态。

2. 识别医生工作站的主要相关人员

医生工作站的集成需要对于科室内的相关人员做出调整和部署。利用利益相关者识别技术,分析住院医生工作站的利益相关者的当前状况和就绪目标,如表 7.7 所示。

表 7.7 "住院诊疗"利益相关者识别——业务流程级视角

角色	当前状况		就绪目标	
	利益相关者	责任	利益相关者	责任
活动者	医生	诊治	医生	诊治
客户	患者	—	患者	—
提供者	• 护士工作站 • 门诊 • 药房 • 收费处 • 各医技科室 • 医疗保险公司	• 执行医嘱 • 提供门诊信息 • 提供药品信息 • 提供收费信息 • 提供医技服务 • 提供医疗保险	• 护士工作站 • 门诊 • 药房 • 收费处 • 各医技科室 • 医疗保险公司	• 执行医嘱 • 提供门诊信息 • 提供药品信息 • 提供收费信息 • 提供医技服务 • 提供医疗保险
协调者				
管理者	医务部领导	管理监督住院诊疗活动	医务部领导	管理监督住院诊疗活动
旁观者	医院其他部门和科室	—	医院其他部门和科室	—

在这一级别,由于住院诊疗流程利益相关者已经就位,因此在此方面的就绪度级别为最高级别,处于"专业化状态"。

3. 识别医生工作站的业务活动与规范

这一步主要利用系统构成和规范分析技术,找出主要业务活动的现状,并根据医生工作站集成的需要设定业务的就绪目标,见表 7.8 和表 7.9。

表 7.8 "住院诊疗"业务活动与规范识别——流程级视角(当前)

类别	非正式子系统	正式子系统	技术子系统
实质子系统	—	诊治	诊治

续表

类别	非正式子系统	正式子系统	技术子系统
通信子系统	—	• 与门诊的通信 • 与药房的通信 • 与收费处的通信 • 与医技科室的通信 • 与医疗保险公司的通信	与护士工作站的通信
控制子系统	—	管理监督住院诊疗活动	—

表 7.9 "住院诊疗"规范识别——流程级视角（就绪）

类别	非正式子系统	正式子系统	技术子系统
实质子系统	—	诊治	诊治
通信子系统	—	与医疗保险公司的通信	• 与护士工作站的通信 • 与门诊的通信 • 与药房的通信 • 与收费处的通信 • 与医技科室的通信
控制子系统	—	管理监督住院诊疗活动	管理监督住院诊疗活动

在住院诊疗这一级，医生工作站协助主治医生的诊治相关活动。这些规范化的管理可进一步提取成规范的形式，如：

1）在某科室，当患者需要诊治时，主治医师有义务为患者诊治。

2）在某科室，当主治医生提出检查要求时，医技科室有义务做相应检查。

3）在某科室，当主治医生提出信息查询时，门诊有义务提供相应信息。

4）在某科室，当主治医生下达医嘱时，医生有义务转交给护士工作站执行医嘱。

经测算，住院诊疗流程在业务规范方面的就绪度级别为 5/10×10=5，处于"启动与实施"状态。

4. 识别相关人员对于集成系统的接受度

最后，我们通过价值评估技术来提取员工对于集成系统的态度，检查他们是否支持这一系统的实施。其中，医务部领导、医生和护士对于新系统的支持度都比较高，分别为 14、13 和 11 分，患者对于集成平台仍然没有热情，只有 2 分。各利益相关者每一分项的结果见表 7.10。

表 7.10 "住院诊疗"价值评估——流程级视角

方面	医生	护士	患者	医务部领导	分项和
物质性	0	0	1	1	2
区分性	1	2	0	0	3
地域性	3	3	1	3	10
时间性	3	3	2	3	11
学习性	1	2	0	2	5
愉悦性	0	1	0	0	1
保障性	0	0	−2	0	−2
宜用性	3	2	0	3	8
联合性	1	0	0	1	2
交互性	1	−2	0	1	0
汇总	13	11	2	14	40

在员工态度方面，医院当前的就绪度级别为：$\{40-[-(30\times4)]\}/\{(30\times4)-[-(30\times4)]\}\times10=6.67$，因而，对应的就绪度为"启动与实施"。因此，在业务流程级别，医院对于集成系统的就绪度级别为 $(4.17+9+5+6.67)/4=6.21$，对应于"启动与实施"状态。

住院诊疗流程包括一系列的功能，如医生的诊治活动、医技科室提供的化验和检查等。对于这些功能级的分析，是指站在主治医师和医技科室操作员的角度检查医院对于一项业务功能的准备程度。在功能级之下，数据级分析则是站在数据项的角度来看，检查数据的技术要求（如精度等）、数据管理与维护的相关责任与权限、数据的完整性和关联规则要求，以及对于数据可能的文化解读和文化考量（如日期格式）等。前文已经指出，由于基本所有的功能都已经在各临床和医技科室系统中付诸使用并基本成熟，故本章略去这两个级别，不再做讨论。

二、问题诊断

识别出当前和就绪目标下的基础结构以后,接下来的任务是以就绪目标作为检查清单,将现状与之对比,从人员、资源、规范、态度等方面逐项核对,检查组织有无疏漏之处。现状中的任何缺项都可能是潜在的问题。

首先,可以从企业级和流程级的资源清单上发现一些漏项。例如,对于界面的配置任务目前并未完全落实,虽然集成平台提供商会负责其中的技术部分,但仍需要医院方提供相应的需求。由于这部分涉及医护人员的业务工作,又超出了信息科的职责范围,所以需要信息科与业务科室进行沟通协调之后方可确定。

在分析中已经识别出系统要求具有软、硬件应急方案,并将此任务分配给了信息科软件组和硬件组。这些任务包括发生故障时的通知通告、数据保存、备份与还原等,并且保证应急方案的启动时间应在 5~10 分钟。运行期间,医生工作站的各种输入数据包括 LIS、PACS 等医技系统传来的报告、门诊传来的患者信息、住院收费的价格信息、药房系统传来的药品信息、医保系统传来的医保信息等,医生工作站产生的各种医嘱信息又是门诊药房、检验检查、门诊收费等系统的基本数据来源。对于这些数据,在系统集成后的联网运行中,要求数据准确可靠、速度快、保密性强。由于此项工作难度较高,软、硬件组并无十足把握,所以信息科仍需要做出一系列安排以准备技术系统的实施。

其次,人员配置方面在企业级并未发现问题。这是由于对于当前以医生工作站为主的系统集成来说,其主要目标在于集成医院内部的管理和临床流程,对于外部的业务关系并无大的直接影响。但是,在业务流程级层面,发现利益相关者的结构尚未齐全,如协调者的缺失等。虽然我们意识到,这部分工作在实际中将会主要落在各级主管的头上,但是这样无疑会拴住领导们的大量精力,增加整个医院的运行成本。此外,我们还发现,虽然在住院诊疗流程的各利益相关者没有明显的变动,但他们的责任需做相应的调整和明确。例如,在诊治过程中,在系统集成之前,医生开了医嘱后,医院有"三查七对"的传统和医嘱查对制度,医嘱单打印出来后护士应看一遍;长期医嘱护士签字一栏填入打印此医嘱护士的名字。医嘱很大的责任在护士身上。但在系统集成以后,医嘱的发生源在医生工作站,医生录入的医嘱仍然应该由医生负责,医生就成了全权责任的承担者。这些责任的变化需要多方反复讨论协商,需得到各方的认可之后方能确认。

再次,在流程级的清单上涉及医生诊疗工作的调整,各科室需要实施新的就诊流程。在这个过程中,临床科室需要检查业务活动中需要做出哪些调整,以及与其他临床和辅助科室系统的工作如何衔接等。例如,在新的流程下,医生在医生工作站上开处方、下医嘱,根据患者的医保信息选择用药,信息传至护理站,由护士核对执行,再传送到药房摆药;处方划价、检验检查等信息自动传递到住院收费处、检验检查科室。再如,在新的流程之下,护士可从一个备选列表中为每位病人选择需要的药物,需经过部门领导的审核和批准之后方可发送至药房。一旦新流程得到确认,需要制定相关的管理和操作规范来保证其实施。实际上,类似的集成工作很多,医院也容易意识到,创立新规范并不难,真正的困难在于让规范在组织中发挥作用,让相关人员遵照执行。

最后,在员工的态度方面,企业级并未发现明显问题。但在流程级我们发现,同样对上述医嘱的例子,由于医嘱核查的责任回落到了医生头上,有的医生不愿承担这种责任,因此对集成系统的使用产生了很强的抵触情绪。这对于集成平台的实施将是一个潜在的问题。

三、改进建议

作为对临床诊疗的技术支持和集成工具,医生工作站集成平台的建设对于提升临床诊疗的服务水平具有重要意义。接下来将针对上述发现的问题,从技术、人员、业务和文化等方面对医生工作站系统集成给出相应的建议。

(一)技术方面的建议

医生工作站系统集成要求医院综合考虑集成系统所要求的信息系统平台,包括硬件和软件基础设施。服务器的扩容和网络平台的升级等硬件设施的准备已经在前文有所讨论,软件设施方面的准备则要求医院有一套清晰的信息系统体系结构。在本案例中,我们建议采用需求驱动的自适应体系结构,后者其实已经在单元系统的结构特征中有所体现。这是由于，医院的大量数据与服务如医疗、化验、药房、物流和管理等，由不同的系统产生；不同的信息资源与服务具有不同的粒度和接口，其有效的组织与管理是一个不小的挑战。需求驱动的自适应体系结构将有利于提高系统的灵活性和适应性，增强系统的集成能力。

对于医生工作站来说，其最大的要求在于操作简单和方便用户，保证医生能够在短时间内学会和掌握。医生工作站目前最迫切要解决的医嘱录入慢的问题是提高工作效率的一个瓶颈。基于目前的语音输入或扫描的技术基本成熟，我们建议采用多种输入方式，如键盘、手写板、语音、电子笔等并存的方式，加快输入速度。这样将有利于临床医务工作，起到事半功倍的效果。然而，真正的挑战并非来自技术实施。相比之下，技术系统的实施不是根本性的障碍，非技术因素形成的难关才是真正的难关。

（二）人员方面的建议

医生工作站的重要任务是在医疗活动中起到保证医疗质量和不断提高医疗水平。鉴于三级医师（主任医师、主治医师、住院医师）负责制是当前医院的一个通用做法，前文提到的"授权赋能"在这里是一个有用的建议。这套制度将按照一定的比例配置医师，各级医师明确各自规定的责任，由上而下指导，由下而上不同层次的责任，形成相应完善的责任制度。这就要求一方面强化和规范员工的职责权限，另一方面为员工提供适当的培训，使其具有相应的知识、技能和能力，适应集成后工作的需要。

（三）业务方面的建议

在业务活动方面，医生工作站所对应的住院诊疗工作是医院医疗工作的中心环节，集中地反映了医疗质量和水平，是医院管理的主要对象。从实质、通信和控制系统的角度来看，住院诊疗工作主要有以下任务：在住院病房内，本科室医生为患者诊治疾病，协调医患的关系；医技、器材和药品供应、生活服务等其他科室和部门协同配合，共同达到诊疗的目的；各科室和部门之间通过纵向和横向的协调而互相衔接，以保证诊疗工作的连续协同进行；同时，还需要建立起相应的监督和控制系统，保证各类岗位都有其责任者。只有这样，才能使住院诊疗工作得到系统管理，保证病人得到连续的综合的医疗服务。因此，对于住院诊疗工作,有必要建立起一项以病房管理为中心的系统工程,加强科室与部门之间的协作,努力创造良好的诊疗条件和环境。

在业务规范方面,我们建议引入严密的工作制度和程序,对住院诊疗活动实行规范化和标准化管理。具体而言,住院诊疗标准化管理主要内容有:(1)病区管理制度化需要规定医护人员的医疗护理行为,明确各级各类人员岗位责任等,对关键性制度如病历书写、查房、会诊等严格执行并应经常检查实施情况;(2)医疗技术规范化,包括各种疾病的诊断标准、治疗原则、医疗技术操作标准的规定等。医疗技术规范应结合本院实际及操作中关键环节做出明确清楚的程序规定;(3)病房建筑规格需要整齐划一,室内设置合乎诊医疗卫生标准;(4)制定医疗质量标准,确保住院诊疗质量达到预定目标。

(四)文化方面的建议

在新的工作方式之下,文化集成要求员工共享目标,紧密合作。对于医院来说,我们建议建立一种科学和民主的管理制度。科学性要求这套管理制度需要将文化系统、正式系统和技术系统相结合,功能分配平衡合理。民主性则需要组织管理人员、医护人员、技术人员共同参与、相互讨论来完成,通过协商使各利益相关者达成共识。这对医院的管理提出了更高的要求。但是只有拥有一套良好的协商沟通机制,医院信息系统集成才可能在第二批、第三批以及以后批次的系统实施过程中顺利运行。

医院业务活动的中心是对患者的诊断和治疗,临床诊断治疗工作又处于主体地位,因此是医院工作的重中之重。就工作性质来说,临床诊疗工作专业性强,涉及面广、工作量大,只有做好全盘部署,统筹规划,才能取得预期的效果。因此,建立一个现代化的住院诊疗工作制度,对其科学有序地加以管理,对于充分发挥医疗功能和提高医疗质量具有重要意义。

第三节 问题明晰方法在医院中的应用指南

本书的初衷之一是站在行业的高度,提供问题明晰方法在医疗卫生领域的应用指南，为问题明晰方法在其他医院的应用提供指导。简单回顾一下，本书提出的是一个企业信息系统实施就绪性分析方法，它以组织中的人与活动为出发点，综合考虑资源、人员、规范和文化等方面的准备情况，旨在向分析人员推荐一个检查列表。同时，分析人员可以在项目中根据需要自行补充添加新内容。以本章的应用为参考样板，问题明晰方法在医疗卫生领域的应用大致可以分成三个步骤：

第一步，基础结构的现状与目标分析。具体而言，分析人员可以用以下四个技术从不同的方面着手分析：

1）采用需求驱动的自适应体系结构中的层次结构作为指导原则，单元系统定义为医院的业务判断级别，划定系统的边界，定位单元系统内的主要活动者。单元系统属性包括此业务单元的目标和责任者等。此外，在单元系统分析中，重要的一步是划分出子系统，为下一层次的分析做准备。

2）支撑系统分析当前级别下各单元系统目前和就绪状态下需要的技能和资源。它从信息系统的生命周期各阶段中找出关键的活动，组成支撑结构，并据此找出相关的资源和技能。支撑系统分析的技术与模板可参考表7.1。

3）利益相关者识别为当前级别下各单元系统找出目前和就绪状态下的利益相关者，并分析出他们的相关角色与责任。利益相关者识别的技术和模板可参考表7.2。

4）系统构成和规范分析可为单元系统内的活动分类，进一步划定单元系统的结构，以及分析其背后的规范。当无固定规章可循、人们需要根据组织文化和惯例来判断行事时，这类活动属于文化系统；当有一定的流程、人们根据事先安排的步骤采取行动时，这些活动属于正式子系统；当部分活动可以完全形式化并可交与技术系统实现时，这部分任务属于技术系统。相应地，每个类别都可抽取出对应的规范指导人们的行为方式。同样，需要找出目前和理想状态下的规范分布。系统构成和规范分析的技术和模板可参照表7.3和表7.4。

5）价值评估分析利益相关者对于信息系统的文化准备。价值评估从代表文化意义的十个方面来剖析利益相关者对于新系统的接受程度。通过利益相关者对于新系统感知情况的打分,来揭示信息系统与医院在文化上的差距。价值评估的就绪目标状态是全+3分值。这是一个理想的状态,在现实中一定不会达到这种完美的状态。但是,设立这样一个目标去努力实现。所谓"取法乎上,仅得其中;取法乎中,仅得其下",故而没有下调目标门槛值。价值评估的技术和模板可参照表7.5。

在同一级别,按照上述四个步骤逐个单元系统进行分析;在分析完一个级别内的所有单元系统后,可转至其他级别继续分析。因此,这是一个双层循环的分析过程。此外,每一项技术的一维应用足以分析大部分情况;对于一些复杂问题,某一项技术的分析深度可提高到二维乃至更高维度。

第二步,问题诊断。针对第一步的分析结果对比分析,识别出企业信息系统实施的差距所在。

第三步,改进建议。针对第二步识别出的差距,给出整改建议。

遵循上述步骤,问题明晰方法可以为我们勾勒出一幅大画面。在这幅画面中,医院中的信息由原来以病人手中的医嘱和各种单据为载体,随着患者的物理位移而流动,变成在信息系统空间中的传递与共享。问题明晰方法采用系统化和结构化的方法,循序渐进地分析信息系统对于医院的业务需求,全面地检查了一个医院为迎接一项新的信息系统所需要做的准备工作。但是,问题明晰方法提供的只是一个框架性的检查清单,这个清单的完整性目前仍然依赖于经验,经验丰富的分析员相对更具有优势。

第四节 结果讨论

本章和前章讨论的两个案例都落于医院信息系统领域,其中第一个处于信息系统实施后阶段,旨在检查问题明晰方法能否覆盖实施过程中的主要事项;第二个处于实施前阶段,旨在分析医院在信息系统准备的差距,指出有待改进的方面和建议。通过两个案例的讨论,演示了单元系统五个级别中的四个,即企业级、业务领域级、业务流程级和功能级。剩下的最后一个级别——数据层并未讨论,这是因为后者在学术界和工业界讨论最多，实践最为成熟。相比之下，企业级和流程级讨论了两次，这是因为企业处于组织最高层，往往是窥其全貌最重要的一环；流程则处于组织的核心，是组织能力和竞争力的体现，通过对于流程的分析能够抓住组织中最为实在的一环。

两个案例都再次印证了企业信息系统实施以及就绪性目标分析的最终目的——实际上就是对组织的再设计与再实现。这一点从住院诊疗中看得很明显，集成平台的实际效果之一在于将工作由正式系统移向技术系统。虽然在企业级和领域级都看不到流程重组的影子，但是一经分析到业务流程级，流程在信息系统的引入下开始重组的意味突然加强，而且可以看出，越往下级，将有越多的任务交与技术系统。

回头来看，问题明晰方法循序渐进地分析信息系统对于医院的业务需求，由人到事，由技术系统到组织文化，逐层剥出系统实施对于组织的要求。这些要求促进着医院业务水平的不断提高。即便单从信息系统实施的角度，这样的检查也意义重大。如果业务不到位，即使信息系统已经实施，它也不会取得好的效果；如果员工不支持，即使业务到位，那么系统也未必能够如愿发挥出其最大功效。

回到本章的案例，医院信息科的相关负责人对于问题明晰方法表示满意和赞赏，认为分析结果有助于检查医院的现状以及集成平台的就绪性，对于将来的系统实施具有一定的指导意义。信息科的工程师认为，技术实施检查清单清楚明确、简单实用，有利于系统实施工作的组织与管理。这位工程师对于利益相关者分析的关注则在于其强调和分析员工的责任，认为这有利于明确医务人员的权责，从而有可能识别出系统集成实施中的潜在障碍。相对之下，这位工程师认为外部利益相关者识别的意义不是那么明显。

医院的相关员工已经意识到，医院将临床流程和各子系统集成至一个技术平台之上的努力，不仅在于集成平台的获取和系统，更是一个涉及全院的系统工程。系统构成和规范分析将医务流程拉到前台，摆到桌面上讨论，使得各方人员对于医务日常工作有了清楚的认识，有利于问题的解决。虽然业务流程的调整尚未开始进行，但是大家对于业务流程的改变已经达成共识，对于可能遇到的困难已经有所估计，并表示将谨慎地对待业务流程改变中遇到的问题。

这位负责人还表示，从价值评估技术的应用看得出院领导对于医生工作站应该达到的目标务实合理，对于未来的发展方向具有开阔清晰的视野。他们将会继续寻求医院领导对于集成平台实施的大力支持，同时鼓励员工对集成平台实施加以讨论，以保证实施成功。

第八章
结论与展望

经济全球化与信息化的趋势加速,市场竞争更加激烈,企业面临的外部环境与需求复杂多变,组织结构和业务流程不断重组,这些当前时代的典型特征,都对企业的信息系统实施提出了严峻的挑战。

企业信息系统向组织中的引进绝非像它表面上看来的实施一项技术系统那么简单,它实际上有着深厚的管理学渊源,涉及技术、业务、文化等多个维度的内涵,关系到组织的方方面面。它既是组织战略性思考的一部分,也为组织本身提供了一个战略机会。一个优秀的系统实施者(如 CIO 等)将能够抓住这样一次改革组织的契机。这就需要系统实施者具有足够宽广的眼界来开发相应的组织结构,进行一系列的技术配置和突破性的组织变革,同时传承和演绎组织文化,为组织和信息系统同时搭建一个大舞台。

尽管企业信息系统在过去的十年中经历了迅速的发展,但是组织和环境的变化导致更为复杂的技术的、组织的、文化的,甚至政治的问题,使得企业信息系统实施成了一个具有严峻挑战的课题。在一项系统实施之前,人们必须扪心自问以下问题:组织是否已经为企业信息系统实施准备就绪?

第一节 回溯研究目的

尽管企业信息系统实施前的就绪性分析具有重要的意义,但无论在学术界还是工业界它都未得到充分重视。因此,本书的研究目的在于为企业信息系统实施提供一套检测组织就绪度的模型和方法，以保证组织与信息系统能够无缝衔接和顺利融合。

1) 本书所进行的是"工欲善其事，必先利其器"的反向思维研究，已经有了"利器"，"工"为之准备好了吗？这是本书在第一章提出的研究问题的翻版。在回答"什么构成了企业信息系统实施准备就绪条件？"和"从衡量准备就绪性的角度，如何将一个组织特征化？"时，本书从技术、人员、业务和文化的角度将组织结构化，确定了组织就绪性的检测维度，提出了组织就绪度模型，为衡量组织对于企业信息系统实施的就绪性提供了有效的途径。

2) 为完成本书开头所设定的第二个目标，本书通过两个案例研究分别对两个医院信息系统进行了实施后和实施前的医院就绪性分析，提出了一套针对于医院信息系统实施就绪性分析的指导框架，为医院信息系统的就绪模型和框架性方法研究抛砖引玉，希望能够有所帮助。

第二节　主要结论与创新点

本书研究工作的主要结论与创新点体现在以下方面：

1. 扩展组织符号学中关于组织基础结构的理论

由于组织符号学过于强调激进的主观主义和关注主体层面，忽略了组织作为一个社会系统所具有的结构性，因而在分析组织全局问题时缺乏必要的宏观视野。为克服这一不足，本书借用英国社会学家吉登斯的结构化理论，由社会系统的"结构（structure）"特征提出了组织的"基础结构（infrastructure）"的概念，采用结构化和系统化的方法分别从资源和规范两种结构着手，从物质资源、人员配备、行为规范、评估规范、感知规范和认知规范六个维度剖析组织现象与问题，对组织符号学进行了理论上的扩展。

2. 改进和扩展了问题明晰方法

本书对问题明晰方法做了方法上的改进和扩展。本书对问题明晰方法中的原有技术进行了改进，完善了各项技术之间的衔接，并引入规范分析，逐步逐项分析组织的问题领域，使问题分析更加全面和完整，将复杂的组织问题逐步明朗化和清晰化，在技术层面扩展了问题明晰方法。除此之外，本书还对原有问题明晰方法进行了改造，明确了问题明晰方法的实施步骤，提高了问题明晰方法的规范性与应用性，在方法层面完成了其从方法论到方法的过渡。

3. 提出一套企业信息系统实施就绪性分析模型和方法

基于扩展后的组织符号学理论，以组织的"基础结构"为核心和切入点，本书提出了一个针对企业信息系统实施的组织就绪度评估模型和分析方法。首先，本书从技术、人员、业务和文化等不同的方面描述组织为信息系统实施的准备状况，提出组织的就绪度模型。这个模型可用于特征化描述组织，便于分析人员和管理者理解组织的当前情况，使得改善组织状况有的放矢，有章可循。其次，围绕企业信息系统实施就绪性模型，以改进后的问题明晰方法为基础，本书提出了一套检查和评估组织对于企业信息系统实施的准备就绪程度的分析方法。这套方法可用于分析企业信息系统实施的就绪性，帮助识别系统实施的必要条件，发现组织中存在的问题和潜在的障碍，提高企业信息系统实施的成功率；同时，它还可以帮助组织定位目前的信息化发展阶段，辅助制定组织的 IT 战略规划，明确组织的改革方向。

4. 提出一套医疗卫生领域的组织就绪性分析指导框架

鉴于医院利益相关者众多且关系复杂，日常业务活动紧张频繁，日处理信息量大，是一类典型的大型组织。本书将提出的模型和方法应用于医疗卫生领域和医院的实例之中，提供了一套医院信息系统实施就绪性分析的指导框架。问题明晰方法在医院中的应用能够有效地解决医院信息系统集成中的就绪性分析问题，提高系统实施与集成的成功率。

5. 开发出一套问题明晰方法的 CASE 工具

考虑到企业信息系统实施的就绪性分析中的实际需要，本研究开发出了一套问题明晰方法的 CASE 工具，将问题明晰方法形式化与工程化，方便问题明晰方法在企业信息系统实施的就绪性问题分析中的操作与实施，从工程方面提高了问题明晰方法的应用性。

第三节 研究的局限性

在具备上述创新点的同时,本书的研究具有以下局限性:

1)本书假定企业信息系统一定代表领域内的最佳实践,因此,在实施过程中尽可能地不去修改信息系统。但实际中,企业信息系统并非总是处于这样的理想状态,它们可能有着这样或者那样的不足。这个时候,实施者需要扬长避短,发现企业信息系统最具优势的部分,发挥它的最大功效。

2)本书的假设之一是改变组织以适应系统。实际上,这种适应与调整可能是双向的——即在组织调整以适应信息系统的同时,信息系统也可能需要做出相应的调整以适应组织。如何寻找其中的平衡,将是另一个有意义的问题。

3)本书提出的方法虽不完全依赖于分析人员的经验,但不可否认的是,分析人员的经验对于方法的实施效果有着一定的影响。虽然目前采取以推荐默认列表的办法来解决这个问题,但是,当前的列表仍然有待检验和完善。

4)改进策略的选择需要适合于组织当前的就绪程度。太保守或者太激进的改进措施都不能有效地改善组织的准备情况,只有适当的措施才能最大限度地将组织向前推进。目前,本书在推荐改进建议时,并未区分组织的不同就绪程度,而只是给出了组织朝着最佳状态方向努力的目标和手段。

5)本书旨在提出一个主要针对大型组织的通用的模型与方法,由于大型企业和中小企业的行为模式有所不同,因而这套模型和方法对于中小企业未必合适。

第四节 研究的扩展

除企业信息系统实施就绪性分析外,本研究可向以下两个方向扩展:

1. 组织的常规检查

虽然本书将问题明晰方法定位于企业信息系统实施之前的阶段,但可扩展应用至系统实施中的任意阶段。在实施前和实施阶段应用，可以检查和诊断出组织中可能存在的问题，提高实施成功率；在实施后阶段应用，可以验证系统实施过程中的经验和教训。这对于改善当前的状况，提高企业信息系统的运行效率，充分发挥其潜能大有裨益。

2. 组织的变革管理

在组织这样一个社会系统中，一项新技术和新工具的引入将提高组织的业务能力，同时也会引起大规模和大范围的组织变革。一个有意思的现象是，尽管大部分 CIO 认为自己是一个清醒的改革者，而不是变革者。然而，企业信息系统卓越的集成和整合能力还是将组织带入了一个变革的境地，它将之前孤立的部门和人员紧密连接在一起。另一方面，尽管管理层们对于企业资源的整合渴望已久，但是这种整合的最终实现，不是通过组织形式上的努力与推动，而是企业信息系统实施的自然结果。因此，借"企业信息系统实施"之名来行组织的变革管理之实，将是一个有益的尝试。

第五节 未来展望

展望未来，本研究可以从以下四方面继续进行和完善：

1. 保证就绪目标识别的完整性

如前文所讨论的那样，由于对于经验的依赖，本书的方法暂时无法从理论上保证分析的完整性。当前的做法是随着应用次数的增多，提出一个默认的推荐列表，提供给分析人员作为参考并引导其分析过程。从方法论上来说，这种总结和重用既往经验的做法为方法增加了经验性的一面，有利于方法的发展。但是，如果能够有一个原则性的指导理论或者标准，告诉分析人员何时可以自信地停止分析，将对于方法的应用很有帮助。

2. "改进建议"的深入探讨

这一部分是指如何建议组织对于流程重组与组织文化进行整合，使其符合企业信息系统的要求，符合最佳实践。企业信息系统对于组织往往具有"意味深长"

的含义，需要组织仔细体味和自身调整才能达到与信息系统的共鸣。组织事务和业务管理往往具有牵一发而动全身的效果，从信息系统实施的大格局来看，整个企业信息系统实施的过程可以看作是技术、人员、业务和文化四个方面的综合努力。这就涉及了管理学领域，同时需要与社会学和符号学相结合，以期寻求合适的理论和方法来指导组织的管理实践。

英国管理学大师 Charles Handy 指出："所有的组织都需要选择、开发和嘉奖他们的员工，结构化他们的工作，解决他们之间的文化冲突，制定他们的指导原则，规划未来的蓝图等。"问题明晰方法的思想与出自 Handy 这样的管理学大师的观点与不谋而合，令人兴奋，也激励着人们朝着这个方向继续前行下去。

3. 对于规范的进一步研究

目前，规范的分类与分层是当前的一个研究热点。规范是一个组织的精髓所在，是研究组织和社会问题的极佳切入点，这一点已经被不同的理论学派所提倡。对于规范的研究将有利于深入理解和精心设计组织，是解决组织问题的一个非常重要的方面。因此，对于规范的提取和分析将具有十分广阔的发展前景，相信它也会成为信息系统发展的大势所趋。

4. 对于问题明晰方法的形式化描述

这是将问题明晰方法形式化的重要一步，一个可尝试的方案是采用行动逻辑描述组织的内核。行动逻辑以主体和行动为出发点，吸收言语行为理论作为支撑理论，具有丰富的语义基础和形式化能力，为精确描述组织与个体行为提供了可能性。这一方面的工作也将企业信息系统实施引向知识工程领域，开辟出另一番广阔的天地。

总而言之，希望本书的工作，加上未来的研究，能够为企业信息系统实施的道路扫清障碍。经过充分的准备，各个组织企业就像运动场上的健将一样，随着裁判发出的命令——"各就各位，预备，跑"，能够在通往未来的跑道上一展英姿。

附　录

医务人员价值评估调查问卷

角色：_____　　　　日期：_____/_____/_____

医务人员对于集成平台的态度调查

你同意下述论断吗？

	级别						
	−3	−2	−1	0	+1	+2	+3
1. 集成平台有助于为您带来物质上的好处							
2. 集成平台有助于降低由性别、年龄、教育程度不同等带来的差异							
3. 集成平台有助于增加工作的便利性（物理上的）							
4. 集成平台有助于提高工作效率、节省时间							
5. 集成平台有益于促进学习新技能、新方法							
6. 集成平台能在您的工作中带来乐趣							
7. 集成平台有助于保护个人隐私							
8. 集成平台有助于使用各种与工作相关的资源							
9. 集成平台有助于改善同事之间的关系							
10. 集成平台有助于增强同事之间的交流与协作							

表中数字表示：

+3 表示："我十分强烈赞同这种说法。"　　−3 表示："我十分强烈反对这种说法。"
+2 表示："我强烈赞同这种说法。"　　　　−2 表示："我强烈反对这种说法。"
+1 表示："我赞同这种说法。"　　　　　　−1 表示："我反对这种说法。"
0 表示："它不造成任何影响。"

A Survey on the Clinician's Valuation on EMIS

Role: _____   Date: _____ / _____ / _____

Questionnaire on the clinicians' attitudes towards EMIS

Do you agree with the following statements?

	Scale						
	−3	−2	−1	0	+1	+2	+3
1. EMIS helps to bring you with income or rewards.							
2. EMIS helps to reduce differentiation/discrimination of people by sex, age, and level of education.							
3. EMIS helps to improve the availability and adaptability over space.							
4. EMIS helps to improve the productivity and saves your time.							
5. EMIS helps learning, deskilling, or knowledge sharing in your work.							
6. EMIS helps to bring fun and joy to your work.							
7. EMIS helps to enhance privacy protection.							
8. EMIS helps your organisation to use financial, material, and human resources appropriately.							
9. EMIS helps to promote positive relationships between your colleagues.							
10. EMIS helps to enhance communication, collaboration and cooperation between your colleagues.							

*Meanings of the numbers:

+3 means "I agree very strongly."
+2 means "I agree strongly."
+1 means "I agree."
0 means "It makes no difference."

−3 means "I disagree very strongly."
−2 means "I disagree strongly."
−1 means "I disagree."

参考文献

[1] 甘仞初. 管理信息系统[M]. 北京：机械工业出版社，2007.

[2] 计算机世界. 埃森哲：套装软件"阻击"定制软件 [EB/OL]. (2008-02-20) [2009-06-20]. http://news.ccw.com.cn/soft/htm2008/20080220_380142.shtml.

[3] BERMAN F, FOX G, HEY A J G. Grid computing: making the global infrastructure a reality[M]. New York: John Wiley & Sons, 2003.

[4] PLASZCZAK P, WELLNER R. Grid computing[M]. San Francisco: Morgan Kaufmann, 2006.

[5] BERNERS-LEE T, HENDLER J, LASSILA O. The semantic web[J]. Scientific american, 2001, 284(5): 28-37.

[6] SCHOOP M, MOOR A, DIETZ J L G. The pragmatic web: a manifesto[J]. Communications of the ACM, 2006, 49(5): 75-76.

[7] T. O'Reilly, What is web 2.0: Design patterns and business models for the next generation of software[EB/OL]. (2005-09-30) [2009-06-30]. http://oreilly.com/web2/archive/what-is-web-20.html.

[8] HAYES B. Cloud computing[J]. Communications of the ACM, 2008, 51(7): 9-11.

[9] LEAVITT N. Is cloud computing really ready for prime time?[J]. Computer, 2009, 42(1): 15-20.

[10] TimesOnline. Google or Microsoft could hold NHS patient records say Tories

[EB/OL]. (2009-7-6) [2009-8-28] http://www.timesonline.co.uk/tol/news/politics/article6644919.ece.

[11] WEILL P, ROSS J W. IT governance: How top performers manage IT decision rights for superior results[M]. Boston: Harvard Business School Press, 2004.

[12] SPEWAK S H, HILL S C. Enterprise architecture planning: developing a blueprint for data, applications and technology[M]. Wellesley, MA: QED Information Sciences, Inc., 1993.

[13] ZACHMAN J A. Enterprise architecture: The issue of the century[J]. Database programming and design, 1997, 10(3): 44-53.

[14] ERL T. Service-oriented architecture: concepts, technology, design[M]. New Jersey: Prentice Hall PTR Upper Saddle River, 2005.

[15] HONG K K, KIM Y G. The critical success factors for ERP implementation: an organizational fit perspective[J]. Information & management, 2002, 40(1): 25-40.

[16] SWAN J, NEWELL S, ROBERTSON M. The illusion of 'best practice' in information systems for operations management[J]. European journal of information systems, 1999, 8(4): 284-293.

[17] DAVENPORT T H. Mission critical: realizing the promise of enterprise systems[M]. Boston: Harvard Business School Press, 2000.

[18] DAVENPORT T H. Putting the enterprise into the enterprise system.[J]. Harvard business review, 1998, 76(4):121.

[19] MANDEFROT K. Recurrent problems in systems implementation[C]// Organisation Systems Research Association Conference, St Louis, MO. 2002: 21-23.

[20] SUBBA RAO S. Enterprise resource planning: business needs and technologies[J]. Industrial management & data systems, 2000, 100(2): 81-88.

[21] TSAI W H, CHIEN S W, HSU P Y, LEU J D. Identification of critical failure factors in the implementation of enterprise resource planning (ERP) system in

Taiwan's industries[J]. International journal of management and enterprise development, 2005, 2(2): 219-239.

［22］RAGOWSKY A, SOMERS T M. Enterprise resource planning[J]. Journal of management information systems, 2002, 19(1): 11-15.

［23］DAVENPORT T H, HARRIS J G, Cantrell S. Enterprise systems and ongoing process change[J]. Business process management journal, 2004, 10(1): 16-26.

［24］HAMMER M. Up the ERP revolution[J]. Information week, 1999, 720: 186.

［25］PTAK C A, Schragenheim E. ERP: tools, techniques, and applications for integrating the supply chain[M]. Boca Raton, Florida: CRC Press, 2003.

［26］BOND B, GENOVESE Y, MIKLOVIC D, WOOD N, ZRIMSEK B, RAYNER N. ERP is dead—Long live ERP II[M]. New York: Gartner Group Strategic Planning, 2000.

［27］STEWART G, MILFORD M, JEWELS T, HUNTER T, HUNTER B. Organisational readiness for ERP implementation[C]//Proceedings of 11th Australasian Conference on Information Systems, December 6-8, 2000, Brisbane, Australia, Queensland University, c2000:966-971.

［28］LUCAS C H. Implementation: The key to successful information systems[M]. New York: Columbia University Press, 1981.

［29］IVES B, OLSON M H. User involvement and MIS success: a review of research[J]. Management science, 1984, 30(5): 586-603.

［30］GIBSON D F, MOONEY E L. Analyzing environmental effects of improving system productivity[C]//Systems Engineering Conference, AIIE, Las Vegas. 1975: 76-82.

［31］GINZBERG M J. Behavioral science—finding an adequate measure of or/ms effectiveness[J]. Interfaces, 1978, 8(4): 59-62.

［32］MITROFF I I, KILMANN R H. Stories managers tell: a new tool for organizational problem solving[J]. Management review, 1975, 64(7): 18-28.

［33］SAUER C. Deciding the future for IS failures: not the choice you might think[M]. Rethinking management information systems: an interdisciplinary perspective, Oxford: Oxford University Press, 1999: 279-309.

[34] DAVENPORT T H, CANTRELL S, HARRIS J G. Get with the program[J]. Outlook, 2002(2): 48-55.

[35] O'HARA M T, WATSON R T, KAVAN C B. Managing the three levels of change[J]. Information systems management, 1999(16): 63-70.

[36] DERY K, GRANT D, HARLEY B, WRIGHT C. Work, organisation and Enterprise Resource Planning systems: an alternative research agenda[J]. New technology, work and employment, 2006, 21(3): 199-214.

[37] DERY K, HALL R, WAILES N. ERPs as 'technologies-in-practice': social construction, materiality and the role of organisational factors[J]. New technology, work and employment, 2006, 21(3): 229-241.

[38] HEROLD D M, FARMER S M, Mobley M I. Pre-implementation attitudes toward the introduction of robots in a unionized environment[J]. Journal of engineering and technology management, 1995, 12(3): 155-173.

[39] HOLLAND C R, LIGHT B. A critical success factors model for ERP implementation[J]. IEEE software, 1999, 16(3): 30-36.

[40] VAN LAMSWEERDE A. Goal-oriented requirements engineering: A guided tour[C]//Proceedings of the Fifth IEEE International Symposium on Requirements Engineering, Jan 6-10, 1997, Annapolis, MD, USA. IEEE, c2001: 249-262.

[41] VAN LAMSWEERDE A. Goal-oriented requirements engineering: A roundtrip from research to practice[C]//Proceedings of the 12th IEEE International Conference on Requirements Engineering, 2004.

[42] CEDITI. A KAOS Tutorial[EB/OL]. (2009-03-04) [2009-10-20]. http://www.objectiver.com/download/documents/KaosTutorial.pdf.

[43] CHECKLAND P, SCHOLES J. Soft systems methodology in action[M]. New York: John Wiley & Sons, 1990.

［44］CHECKLAND P B, Systems thinking, systems practice[M]. New York: John Wiley & Sons, 1981.

［45］弗勒德. 反思第五项修炼[M]. 北京：中信出版社，2004.

［46］STAMPER R, KOLKMAN M. Problem Articulation: a sharp-edged soft systems approach[J]. Journal of applied systems analysis, 1991(18): 69-76.

［47］KOLKMAN M. Managing ambiguity and change with the problem articulation methodology[M]//Globalisation and Procedural Analysis of the Organisation, London: Sage Publications, 1995.

［48］KOLKMAN M. Problem articulation methodology[D]. Enschede: University of Twente, 1993.

［49］TAN S, LIU K. Enterprise infrastructure planning: modelling and simulation using the problem articulation method[C]//International Conference on Enterprise Information Systems, April 14-17, 2004, Universidade Portucalense, Porto, Portugal, c2005: 240-245.

［50］TAN S, LIU K. Requirements engineering for organisational modelling[C]//International Conference on Enterprise Information Systems, April 14-17, 2004, Universidade Portucalense, Porto, Portugal. c2004: 383-388.

［51］TAN S, Liu K, Xie Z. A semiotic approach to organisational modelling using norm analysis[C]//Proceedings of the 8th UK Academy for Information Systems Conference, Warwick, UK, 2003.

［52］LIU K, Sun L, Rong W. Semiotic modelling for complex enterprise systems[C]//Proceedings of 11th International Conference on Informatics and Semiotics in Organisations, Beijing, 2009.

［53］LIU K, SUN L, TAN S. Modelling complex systems for project planning: a semiotics motivated method[J]. International journal of general systems, 2006, 35(3): 313-327.

［54］ABDINNOUR-HELM S, LENGNICK-HALL M L, LENGNICK-HALL C A. Pre-implementation attitudes and organizational readiness for implementing an enterprise resource planning system[J]. European journal of operational research, 2003, 146(2): 258-273.

[55] RAYMOND L, RIVARD S, JUTRAS D. Evaluating readiness for ERP adoption in manufacturing SMEs[J]. International journal of enterprise information systems, 2006, 2(4): 1-17.

[56] BIRBECK P, STEWART G. Exploring the relationship between organizational culture and IT innovations in the context of extended enterprise systems[C]//Australasian Conferences on Information Systems, Hobart, Tasmania, 2004: 52.

[57] SEHGAL R, STEWART G. Exploring the relationship between user empowerment and enterprise system success measures[C]//Proceedings of AMCIS 2004, New York, NY. Association for Information Systems, 2004.

[58] CAMERON K S, QUINN R E. Diagnosing and changing organizational culture: Based on the competing values framework[M]. New York: John Wiley & Sons, 2011.

[59] GOODMAN E A, ZAMMUTO R F, GIFFORD B D. The competing values framework: Understanding the impact of organizational culture on the quality of work life[J]. Organization development journal, 2001, 19(3): 58.

[60] 陈宏. 我国企业 ERP 项目实施就绪度模型和应用研究[D]. 杭州：浙江工业大学，2006.

[61] OCKER R J, MUDAMBI S. Assessing the readiness of firms for CRM: a literature review and research model[C]//Proceedings of the 36th Annual Hawaii International Conference on System Sciences, 2003.

[62] BAKI B, DERELI T, BAYKASOGLU A. An investigation on the readiness of Turkish companies for enterprise resource management[J]. Journal of manufacturing technology management, 2004, 15(1): 50-56.

[63] LAI J Y, ONG C S, YANG C C, WANG C T. Assessing and managing employee readiness for embracing e-business[C]//Proceedings of the 2008

ACM SIGMIS CPR conference on Computer personnel doctoral consortium and research. ACM, 2008: 79-87.

[64] LI L, MARKOWSKI E P, MARKOWSKI C, XU L. Assessing the effects of manufacturing infrastructure preparation prior to enterprise information-systems implementation[J]. International journal of production research, 2008, 46(6): 1645-1665.

[65] KWAHK K Y, LEE J N. The role of readiness for change in ERP implementation: theoretical bases and empirical validation[J]. Information & management, 2008, 45(7): 474-481.

[66] HOLT D T, ARMENAKIS A A, FEILD H S, HARRIS S G. Readiness for organizational change: the systematic development of a scale[J]. The journal of applied behavioral science, 2007, 43(2): 232-255.

[67] O'HARA M T, WATSON R T, KAVAN C B. Managing the three levels of change[J]. Information systems management, 1999(16): 63-70.

[68] LIKERT R. The human organization: Its management and value[M]. New York: McGraw-Hill, 1967.

[69] KUHN T S. The structure of scientific revolutions[M]. Chicago: University of Chicago Press, 1970.

[70] STAMPER R. Information in business and administrative systems[M]. New York: John Wiley & Sons, 1973.

[71] 张端信. 皮尔士哲学中的"实在"概念[J]. 求索, 2007(6): 138-140.

[72] 王元明. 行动与效果: 美国实用主义研究[M]. 中国社会科学出版社, 1998.

[73] 曲跃厚. 皮尔斯哲学中的信念概念[J]. 国外社会科学, 1995(11).

[74] 王成兵, 林建武. 论皮尔士的科学形而上学观[J]. 江汉论坛, 2007(5): 74-77.

[75] 丁尔苏. 论皮尔士的符号三分法[J]. 四川外语学院学报, 1994(3): 10-14.

[76] PEIRCE C S. Collected papers of charles sanders peirce[M]. Boston: Harvard University Press, 1931.

[77] LIU K. Semiotics in information systems engineering[M]. Cambridge:

Cambridge University Press, 2000.

［78］ STAMPER R. The semiotic framework for information systems research[M]//Information Systems Research: Contemporary Approaches And Emergent Traditions Amsterdam, North Holland, 1991: 515-528.

［79］ STAMPER R K, BACKHOUSE J. MEASUR: method for eliciting, analysing, and specifying user requirements[M]//Computerized Assistance During the Information Systems Life Cycle. Amsterdam, North Holland, 1988: 67-115.

［80］ GIBSON J J. The theory of affordances[M]//Perceiving, Acting and Knowing toward an Ecological Psychology. Hillsdale, NJ: Lawrence Erlbaum Associates, 1977: 67–82.

［81］ STAMPER R. Analysis of perception and meaning for information systems engineering[M]. (to be published).

［82］ STAMPER R. MESUR: Methods of analysis and theory of information systems based on the concepts of signs and social norms[C]//Proceedings of International Workshop on Requirements Analysis, Kings College London, UK, 2008.

［83］ STAMPER R K. Organisational semiotics: informatics without the computer? [M]//Information, Organisation and Technology. Springer, Boston, MA, 2001: 115-171.

［84］ LIU X. Employing measur methods for business process reengineering in China[D]. Enschede: University of Twente, 2000.

［85］ 涂尔干. 社会学方法的准则[M]. 北京：商务印书馆，2000.

［86］ 韦伯. 社会学的基本概念[M]. 北京：商务印书馆，2001.

［87］ GIDDENS A. The constitution of society: outline of the theory of structuration[M]. Berkeley: University of California Press, 1984.

［88］ 陈宇芬. 资讯人员的系统开发与组织结构互动之探索性研究——以结构化理论为基础[D]. 台北：台湾大学资讯管理研究所，2002.

［89］ 张云鹏. 试论吉登斯结构化理论[J]. 社会科学战线，2005(04):274-277.

[90] 山小琪. 吉登斯"结构化理论"探析[J]. 黑龙江史志，2008(18):53-54.

[91] 吉登斯. 民族—国家与暴力[M]. 北京：三联书店，1998.

[92] SEARLE J. The social construction of reality[M]. London: Allen Lane, 1995.

[93] 于海. 结构化的行动，行动化的结构——读吉登斯《社会的构成:结构化理论大纲》[J]. 社会，1998(7):46-47.

[94] JONES M R, KARSTEN H. Giddens's structuration theory and information systems research[J]. MIS quarterly, 2008, 32(1): 127-157.

[95] ROSE J, SCHEEPERS R. Structuration theory and information system development—frameworks for practice[C]//European Conference on Information Systems, June 27-29, 2001, Bled, Slovenia, c2001:217-231.

[96] ORLIKOWSKI W J. The duality of technology: rethinking the concept of technology in organizations[J]. Organization science, 1992, 3(3): 398-427.

[97] 甘仞初，崔国玺. 信息系统需求驱动自适应体系结构的研究[J]. 信息系统学报，2008(1):66-68.

[98] 甘仞初，谢莹，曹炳文. 需求驱动的自适应体系结构的知识体系研究[J]. 中国管理科学，2006, 14(s1):174-177.

[99] GAN R, XIE Y, FENG H. Classification and description of norms in information systems with requirement—driven adaptive architecture[C]// Proceedings of International Conference on Organizational Semiotics, Sheffield, UK, c2007: 76-81.

[100] STAMPER R, LIU K, HAFKAMP M, ADES Y. Understanding the roles of signs and norms in organizations-a semiotic approach to information systems design[J]. Behaviour & information technology, 2000, 19(1): 15-27.

[101] TAN S. A semiotic approach to enterprise infrastructure modelling—the problem articulation method for analysis and applications[D]. Reading: University of Reading, 2006.

[102] STAMPER R, LIU K. Organisational dynamics, social norms and information systems[C]// Proceedings of the Twenty-Seventh Hawaii International Conference

on System Sciences, 1994. IEEE Computer Society, c1994: 645-654.

[103] 谢莹. 需求驱动的自适应体系结构用户需求层的研究[D]. 北京：北京理工大学，2007.

[104] CUI G, LIU K. Infrastructural analysis for enterprise information systems implementation[C]//World Summit on Knowledge Society. Springer, Berlin, Heidelberg, 2009: 356-365.

[105] BELT B. Men, spindles and material requirements planning: enhancing implementation[J]. Production and inventory management, 1979, 20(1): 54-65.

[106] SUNDBO J. Empowerment of employees in small and medium-sized service firms[J]. Employee relations, 1999, 21(2): 105-127.

[107] THOMAS K W, VELTHOUSE B A. Cognitive elements of empowerment: An "interpretive" model of intrinsic task motivation[J]. Academy of management review, 1990, 15(4): 666-681.

[108] STAMPER R, LIU K, HUANG K. Organisational morphology in re-engineering[C]//Proceedings of Second European Conference of Information Systems. Nijenrode University Press, 1994: 729-737.

[109] WEIGAND H, DE MOOR A. A framework for the normative analysis of workflow loops[J]. ACM siggroup bulletin, 2001, 22(2): 38-40.

[110] WRIGHT G H, Norm and action[M]. London: Routledge and Kegan Paul, 1963.

[111] LIU K, SUN L, BENNETT K. Co-design of business and IT systems[J]. Information systems frontiers, 2002, 4(3): 251-256.

[112] LIU K, SUN L, DIX A, Narasipuram M. Norm-based agency for designing collaborative information systems[J]. Information systems journal, 2001, 11(3): 229-247.

[113] SALTER A. M. A normative approach to modelling communication and actions in process modelling[D]. Stafford: Staffordshire University, 2003.

[114] NAH F F H, LAU J L S, KUANG J. Critical factors for successful implementation of enterprise systems[J]. Business process management journal, 2001, 7(3): 285-296.

[115] SOMERS T, Nelson K. The impact of critical success factors across the stages of enterprise resource planning implementations[C]//Proceedings of the 34th Annual Hawaii International Conference on System Sciences, Jan 6-6, 2001, Maui, HI, USA. IEEE, 2001

[116] ROBEY D, ROSS J W, BOUDREAU M C. Learning to implement enterprise systems: an exploratory study of the dialectics of change[J]. Journal of management information systems, 2002, 19(1): 17-46.

[117] DAVENPORT T H. Process innovation: reengineering work through information technology[M]. Boston: Harvard Business School Press, 1993.

[118] DAVENPORT T H, JARVENPAA S L, BEERS M C. Improving knowledge work processes[J]. Sloan management review, 1996, 37: 53-66.

[119] DRUCKER P F. Knowledge-worker productivity: The biggest challenge[M]// The knowledge management yearbook 2000–2001, Hoboken: Taylor & Francis, 2000.

[120] HAMMER M, STANTON S. How process enterprises really work[J]. Harvard business review, 1999, 77: 108-120.

[121] BENDOLY E, JACOBS F R. ERP architectural/operational alignment for order-processing performance[J]. International journal of operations & production management, 2004, 24(1): 99-117.

[122] HELO P, ANUSSORNNITISARN P, PHUSAVAT K. Expectation and reality in ERP implementation: consultant and solution provider perspective[J]. Industrial management & data systems, 2008, 108(8): 1045-1059.

[123] DEETZ S A, TRACY S J, SIMPSON J L. Leading organizations through transition: communication and cultural change[M]. London: Sage Publications, 1999.

[124] KANTER R M. Power failure in management circuits[J]. Harvard business review, 1979, 57(4): 65-75.

[125] BLOCK P. The empowered manager: positive political skills at work[M]. San Francisco: Jossey-Bass, 1987.

[126] LEIDNER D E, KAYWORTH T. A review of culture in information systems research: toward a theory of information technology culture conflict[J]. MIS quarterly, 2006, 30(2): 357-399.

[127] ETTLIE J E, PEROTTI V J, JOSEPH D A, COTTELEER M J. Strategic predictors of successful enterprise system deployment[J]. International journal of operations & production management, 2005, 25(10): 953-972.

[128] STEWART T, RUCKDESCHEL C. Intellectual capital: The new wealth of organizations[J]. Performance improvement, 1998, 37(7): 56-59.

[129] HALL E. The Silent Language[M]. New York: Garden City, 1959.

[130] SCHIEN E H, Organizational culture and leadership[M]. San Francisco: Jossey-Bass, 1985.

[131] SCHEIN E H. Culture: the missing concept in organization studies[J]. Administrative science quarterly, 1996, 41(2):229-240.

[132] DAVIS F D, BAGOZZI R P, WARSHAW P R. User acceptance of computer technology: a comparison of two theoretical models[J]. Management science, 1989, 35(8): 982-1003.

[133] ROGERS E M. Diffusion of innovations[M]. Washington: Free Press, 1995.

[134] GATTIKER T F, GOODHUE D L. What happens after ERP implementation: understanding the impact of inter-dependence and differentiation on plant-level outcomes[J]. MIS quarterly, 2005, 29(3): 559-585.

[135] NADLER D A. Concepts for the management of organizational change[J]. Managing change, 1993(2): 85-98.

[136] MADSEN S R, MILLER D, JOHN C R. Readiness for organizational change: do organizational commitment and social relationships in the workplace make

a difference?[J]. Human resource development quarterly, 2005, 16(2): 213-234.

[137] BANDURA A. Self-efficacy: toward a unifying theory of behavioral change.[J]. Psychological review, 1977, 84(4):139-161.

[138] PROCHASKA J O, REDDING C A, Evers K E. The transtheoretical model and stages of change.[J]. Health behavior & health education, 2008, 22(22): 97-121.

[139] PARASURAMAN A. Technology Readiness Index (TRI) a multiple-item scale to measure readiness to embrace new technologies[J]. Journal of service research, 2000, 2(4): 307-320.

[140] EDWARDS R W, JUMPER-THURMAN P, PLESTED B A, OETTING E R, SWANSON L. The community readiness model: research to practice[J]. American journal of community psychology, 2000, 28(3): 291-307.

[141] OETTING E R, DONNERMEYER J F, PLESTED B A, EDWARDS R W, KELLY K, BEAUVAIS F. Assessing community readiness for prevention: substance use & misuse[J]. International journal of the addictions, 1995, 30(6): 659-683.

[142] MULLINS J W. Plan B[M]. London: London Business School Press, 2006.

[143] 陈竺. 医改 8500 亿元将投向保障和服务体系建设 [A/OL]. (2009-03-04) [2009-10-20]. http://www.gov.cn/gzdt/2009-03/04/ content_1250333.htm.